旅游标准化蓝皮书

中国旅游标准化发展报告 2016

ZHONGGUOLÜYOUBIAOZHUNHUAFAZHANBAOGAO

中华人民共和国国家旅游局

中国旅游出版社

《中国旅游标准化发展报告（2016）》

编制委员会

参加编写人员名单

总 报 告　任　鸣

专题报告撰稿人（以专题报告出现先后为序）

任　鸣　刘庆安　陈　蔚　何中兴

李　辉　汪剑明　林章林　蔡凯龙

李　力　梁雪松　王　伟　杨昭山

张捷雷　程　钢　梁　兵　边喜英

前　言

FOREWORD

旅游标准是旅游活动的技术依据，是旅游业健康、稳健发展的基石。旅游标准化对规范旅游业经营、维护旅游市场秩序、促进国际服贸交流、提高旅游产品与服务质量、增加游客满意度等都具有重要作用。近年来，党中央、国务院高度重视标准化工作，把标准化工作与质量强国建设的目标相结合，与我国经济社会的科学发展和持续发展相结合，对标准化工作提出了更高的要求。党的十八届五中全会通过的《中共中央关于制定国民经济和社会发展第十三个五年规划的建议》中有14处直接提到标准和标准化，国务院2015年3月11日发布了《深化标准化工作改革方案》，为旅游标准化改革与发展指明了方向。《中国旅游标准化发展报告》（以下简称《报告》）着眼于总结和分析改革开放以来，特别是“十二五”期间我国旅游标准与标准化领域取得的成绩及面临的问题，探讨旅游标准化发展的核心问题，并提出相应的对策建议。

《报告》是首个以中国旅游标准化发展的事件和数据为基础，面向公众和旅游决策人员展现中国旅游标准化发展状况的报告。《报告》覆盖了自1987年以来我国旅游标准化、地方旅游标准化的发展情况，就政策、机制、体系、标准化工作与成效等作较为详尽的表述和介绍。此外，针对有效推进旅游标准化工作中的具体问题进行了案例探讨。

《报告》在总体结构上分为综述篇、地方发展篇和专题案例篇三部分内容：

“综述篇”。系统阐述和分析了1987~2016年中国旅游标准化发展的基本情况；从国家标准、行业标准、企业和社会组织标准三个角度分析了旅游标准编制的变化与趋势，展现了中国旅游标准体系的发展状况；对旅游标准化机制的建设情况、旅游标准化试点示范情况进行了分析和评述；并从中国制修订国际标准建议、进行多边国际合作等角度介绍了中国参与国际标准化活动的情况。

“地方发展篇”。选取了首个全国省级旅游标准化试点四川省、旅游标准化理论与实践较为丰富的上海市、一直走在旅游标准化工作前沿的浙江省和杭州市等，由当地的旅游标准化行政主管部门与旅游标准化技术委员会联合，就本地旅游标准化工作的组织、标准建设、实施经验、成果成效与发展思路等进行系统归纳与介绍，为全国各地进行旅游标准化工作提供了多方位、多方法和多路径的发展借鉴。使读者在通过综述篇了解宏观态势的基础上，更深入地把握和认知全国旅游标准化先行地区的工作开展情况。

“专题案例篇”。由来自行业、产业联盟、企业和专业研究专家结合工作实践，对国际标准推广、试点示范经验、行业企业标准化和产业联盟标准化发展的建设进行案例分析与方式探讨，集中反映了旅游标准化建设发展的态势。

《报告》旨在为我国旅游标准化工作宏观管理和决策、标准化实践与建设提供支持，可供旅游标准化工作管理和决策人员，标准化研究人员，旅游企业管理者，以及旅游经济、贸易、技术领域相关人员和社会公众参考。

本《报告》得到了国家旅游局、中国旅游研究院、北京市、上海市、四川省、广东省、云南省、浙江省及杭州市、海口市旅游主管部门的大力支持，得到了浙江旅游职业学院、中国旅游标准化技术委员会、四川省旅游标准化技术委员会、上海市旅游标准化工作委员会、浙江省旅游标准化技术委员会和杭州市旅游标准化技术委员会的鼎力协助，本《报告》作为杭州市哲学社会科学规划课题 2016JD02《中国旅游标准化实践研究》的成果，得到了杭州市哲学社会科学规划领导小组和旅游法治与发展研究中心的支持与帮助。在此一并表示感谢！

《中国旅游标准化发展报告》 编制委员会

2017 年 5 月 20 日

目　录

CONTENTS

BⅠ 综述篇

BⅡ 地方发展篇

BⅢ　专题案例篇

BⅣ　附　录

BI 综述篇

B.1
1987~2016 中国旅游标准化发展综述

任　鸣

一、中国旅游标准化历程回顾

自 1987 年国家旅游局主持编制《旅游涉外饭店星级的划分与评定》开始，我国旅游标准化工作被真正纳入旅游业发展的序列，经过近 29 年的标准化建设，中国旅游标准从无到有、从少到多、从局部到全面、从行业到跨界，中国旅游标准化在标准编制、组织机制、宣贯实施和规范管理等 PDCA 各环节，经历了探索、研究、实践与总结，初步建立了具有中国特色的系统性、科学性与可操作性完整结合的旅游标准化发展体系。不仅有效组织与规范了我国旅游业的品质建设，更为世界旅游标准化的建设与发展提供了经验和借鉴。

（一）标准编制

1. 标准编制历程

从 20 世纪中叶起，服务业的发展逐渐超过了传统工业和农业的发展而成为全球主要产业。改革开放初期，我国旅游业发展迅猛，而旅游业中的饭店业，由于长期以来的种种问题，服务质量和整体管理水平低下，与国际饭店业的差

［作者简介］任鸣，中国旅游研究院旅游标准化研究基地首席专家、浙江省旅游标准化技术委员会秘书长、浙江省安全生产标准化技术委员会委员；浙江旅游职业学院教授；浙江省经济规划院高级工程师；主要研究方向为旅游标准化、旅游安全、旅游策划、海洋旅游等。

距很大，一度成为制约饭店业发展的瓶颈。面对日益激烈的市场竞争，为了提高服务质量和管理水平、加快与国际饭店业接轨的步伐，国家旅游局在借鉴国际经验和总结探索的基础上，于1987年创造性地编制了《旅游涉外饭店星级的划分与评定》标准，并进行了近5年的试行—修订—再试行—再修订，于1993年正式由国家技术监督局发布，成为我国旅游服务行业中的第一个国家标准。该标准开创了在旅游服务领域实施标准化管理的先例，为我国旅游标准编制积累了诸多经验，也为旅游业乃至服务业标准的编制方式、方法和标准格式提供了样板，奠定了我国旅游业标准编制的基础。

从1995年起，在国家旅游局和国家质量技术监督局的领导和支持下，我国旅游业标准的编制接受新成立的全国旅游标准化技术委员会的指导与直接组织，旅游标准编制工作进入了有序发展的轨道。大致可分为三个阶段。

（1）旅游标准奠基阶段（1995~2002）

《旅游涉外饭店星级的划分与评定》的社会影响与价值，促进了国家对旅游标准的关注和支持。在1995~2002年间，编制了8个国家标准、修订1个国家标准和5个行业标准，为今天的旅游业标准化建设奠定了基础。

1995年，国家旅游局相继制定了《内河旅游船星级的划分与评定》《导游服务质量》2个国家标准。制定了与国家标准《旅游涉外饭店星级的划分与评定》相配套的首个旅游行业标准《旅游饭店用公共信息图形符号》，还针对当时旅游汽车不规范服务，导致游客大量投诉的旅游汽车服务质量问题，制定了旅游行业标准《旅游汽车服务质量》。

1996年，为进一步完善国家标准《旅游涉外饭店星级的划分与评定》的相关要求，国家旅游局制定了旅游行业标准《星级饭店客房客用品质量与配备要求》。

1997年，为规范旅游服务业的各种服务项目、名称和相应内容的表述，国家旅游局制定了国家标准《旅游服务基础术语》；针对游乐园（场）可能发生的安全事件和隐患，国家旅游局制定了国家标准《游乐园（场）安全和服务质量》；针对涉外饭店标准中暴露的诸多质量评价难以准确把握和不适应当时的实际要求，国家旅游局对《旅游涉外饭店星级的划分与评定》进行了第一次修订；同时，针对旅行社组织的国内旅游历年所发生的系列服务质量问题，制定了《旅行社国内旅游服务质量要求》的行业标准。

1999 年，国家旅游局为有效规范和指导我国旅游区（点）的服务质量，与国际接轨，制定了第二个具有重大意义的国家标准《旅游区（点）质量等级的划分与评定》。国家质量技术监督局还制定了《风景名胜区规划规范》，以指导和规范各级风景名胜区的规划要求。

2000 年，国家旅游局参与制定了国家标准《标志用公共信息图形符号　第 1 部分：通用符号》，使旅游业使用的常用通用符号纳入国家标准。

2002 年，国家旅游局制定了国家标准《标志用公共信息图形符号　第 2 部分：旅游设施与服务符号》，把旅游业的设施与服务作为独立业态进行单列，突显旅游业的特殊性与重要性。为规范日益增长的出境旅游服务，国家旅游局这一年出台了《旅行社出境旅游服务质量》的行业标准（表 1–1）。

表 1–1　1995~2002 年修制订的国家标准、行业标准汇总

标准号	标准名称	编修订状况
GB/T 15731—1995	内河旅游船星级的划分与评定	编制
GB/T 15971—1995	导游服务质量	编制
GB/T 16766—1997	旅游服务基础术语	编制
GB/T 16767—1997	游乐园（场）安全和服务质量	编制
GB/T 14308—1997	旅游涉外饭店星级的划分与评定	修订
GB/T 17775—1999	旅游区（点）质量等级的划分与评定	编制
GB /T 50298—1999	风景名胜区规划规范	编制
GB/T 10001. 1—2000	标志用公共信息图形符号　第 1 部分：通用符号	编制
GB/T 10001. 2—2002	标志用公共信息图形符号　第 2 部分：旅游设施与服务符号	编制
LB/T 001—1995	旅游饭店用公共信息图形符号	编制
LB/T 002—1995	旅游汽车服务质量	编制
LB/T 003—1996	星级饭店客房客用品质量与配备要求	编制
LB/T 004—1997	旅行社国内旅游服务质量要求	编制
LB/T 005—2002	旅行社出境旅游服务质量	编制

（2）旅游标准拓展阶段（2003~2009）

随着旅游业的迅速发展，旅游所涉及的相关要素日益凸显出对规范的需要与依赖，这一阶段为旅游规划、星级饭店、旅游交通、旅游安全，特别是涉旅的通用符号、公共标识等进行拓展性修制订。在 2003~2009 年间，编制了 8 个国家标准、修订 5 个国家标准和 2 个行业标准。

2003 年是旅游标准制定出台的丰收年之一，国家旅游局相继制定了《旅游规划通则》《旅游资源分类、调查评价》《旅游厕所质量等级的划分与评定》3项国家标准，修订了《旅游区（点）质量等级的划分与评定》，更名并修订了《旅游涉外饭店星级的划分与评定》为《旅游饭店星级的划分与评定》。

2006年，国家旅游局制定了旨在规范自然保护区生态旅游规划的《自然保护区生态旅游规划技术规程》国家标准，修订了国家标准《标志用公共信息图形符号 第1部分：通用符号》，更名并修订了国家标准《标志用公共信息图形符号 第2部分：旅游设施与服务符号》为《标志用公共信息图形符号 第2部分：旅游休闲符号》。制定了《星级饭店访查规范》和《绿色旅游饭店标准》2项行业标准。

2007年，国家质量技术监督局会同国家旅游局制定了《非公路用旅游观光车通用技术条件》。

2008年，国家旅游局修订了《内河旅游船星级的划分与评定》。

2009年，国家旅游局为规范景区内非公路旅游观光车的安全使用，制定了《非公路旅游观光车安全使用规范》，成为首个旅游业强制性国家标准。国家旅游局还相继组织和参与制定了《星级旅游饭店用纺织品》《客用索道安全服务质量》2项国家标准（表1-3）。

表1-2 2003~2009年修制订的国家标准、行业标准汇总

标准号	标准名称	编修订状况
GB/T 18971—2003	旅游规划通则	编制
GB/T 18972—2003	旅游资源分类、调查评价	编制
GB/T 18973—2003	旅游厕所质量等级的划分与评定	编制
GB/T 17775—2003	旅游区（点）质量等级的划分与评定	修订
GB/T 14308—2003	旅游涉外饭店星级的划分与评定	修订
GB/T 20416—2006	自然保护区生态旅游规划技术规程	编制
GB/T 10001. 1—2006	标志用公共信息图形符号 第1部分：通用符号	修订
GB/T 10001. 2—2006	标志用公共信息图形符号 第2部分：旅游休闲符号	修订
GB/T 21268—2007	非公路用旅游观光车通用技术条件	编制
GB/T 15731—2008	内河旅游船星级的划分与评定	修订
GB 24727—2009	非公路旅游观光车安全使用规范	编制
GB/T 22800—2009	星级旅游饭店用纺织品	编制
GB/T 24728—2009	客用索道安全服务质量	编制
LB/T 006—2006	星级饭店访查规范	编制
LB/T 007—2006	绿色旅游饭店标准	编制

（3）旅游标准规范阶段（2010 年至今）

2009 年国家旅游局发布了《全国旅游标准化发展规划（2009~2015）》，标志着我国旅游标准建设已进入自身发展的规范阶段。自 2010 年以来，编制了 8 个国家标准、修订 5 个国家标准和 2 个行业标准。

2010 年，是国家旅游局执行《全国旅游标准化发展规划（2009~2015）》的第二年，也是旅游标准制定与发布的丰收年。国家旅游局在本年内会同国家标准化管理委员会，相继制定并发布了《旅游娱乐场所基础设施管理及服务规范》《旅游信息咨询中心设置与服务规范》和《非公路旅游观光车用铅酸蓄电池》等 13 项国家标准；修订了《旅游饭店星级的划分与评定》《导游服务规范》，更名并修订了《旅游业基础术语》《游乐园（场）服务质量》共 4 项国家标准（表 1-3）。

表 1-3　2010 年修制订的国家标准、行业标准汇总

标准号	标准名称	编修订状况
GB/T 26353—2010	旅游娱乐场所基础设施管理及服务规范	编制
GB/T 26354—2010	旅游信息咨询中心设置与服务规范	编制
GB/T 26355—2010)	旅游景区服务指南	编制
GB/T 26356—2010	旅游购物场所服务质量要求	编制
GB/T 26357—2010	旅游饭店管理信息系统建设规范	编制
GB/T 26358—2010	旅游度假区等级划分	编制
GB/T 26359—2010	旅游客车设施与服务规范	编制
GB/T 26360—2010	旅游电子商务网站建设技术规范	编制
GB/T 26361—2010	旅游餐馆设施与服务等级划分	编制
GB/T 26362—2010	国家生态旅游示范区建设与运营规范	编制
GB/T 26363—2010	民族民俗文化旅游示范区认定	编制
GB/T 26364—2010	旅游汽车公司资质等级划分	编制
GB/T 26365—2010	游览船服务质量要求	编制
GB/T 24914—2010	非公路旅游观光车用铅酸蓄电池	编制
GB/T 14308—2010	旅游饭店星级的划分与评定	修订
GB/T 15971—2010	导游服务规范	修订
GB/T 16766—2010	旅游服务基础术语	修订
GB/T 16767—2010	游乐园（场）服务质量	修订

2011 年，国家旅游局会同相关部委为配合整治宗教活动场所安全问题，制定了涉旅的第二个强制性国家标准《宗教活动场所和旅游场所燃香安全规范》，

同时还制定了《城市公共休闲服务与管理导则》和《城市中央休闲区服务质量规范》共3项国家标准。这一年也是国家旅游局出台行业标准较多的一年，相继制定了《旅行社服务通则》《旅行社入境旅游服务规范》《城市旅游集散中心等级划分与评定》和《旅游饭店节能减排指引》等共11项旅游行业标准，还修订了《旅行社出境旅游服务规范》(表1-4)。

表1-4 2011年修制订的国家标准、行业标准汇总

标准号	标准名称	编修订状况
GB 26529—2011	宗教活动场所和旅游场所燃香安全规范	编制
GB/T 28002—2011	城市公共休闲服务与管理导则	编制
GB/T 28003—2011	城市中央休闲区服务质量规范	编制
LB/T 008—2011	旅行社服务通则	编制
LB/T 009—2011	旅行社入境旅游服务规范	编制
LB/T 010—2011	城市旅游集散中心等级划分与评定	编制
LB/T 011—2011	旅游景区游客中心设置与服务规范	编制
LB/T 012—2011	城市旅游公共信息导向系统设置原则与要求	编制
LB/T 013—2011	旅游景区公共信息导向系统设置规范	编制
LB/T 014—2011	旅游景区讲解服务规范	编制
LB/T 015—2011	绿色旅游景区管理与服务规范	编制
LB/T 016—2011	温泉企业服务质量等级划分与评定	编制
LB/T 017—2011	国际邮轮口岸旅游服务规范	编制
LB/T 018—2011	旅游饭店节能减排指引	编制
LB/T 005—2011	旅行社出境旅游服务规范	修订

2012年，国家标准化管理委员会会同国家旅游局制定了《公共信息导向系统设置原则与要求　第9部分：旅游景区》《非公路旅游观光车　座椅安全带及其固定器》和《非公路旅游观光车　前照灯》3项国家标准，使涉旅的强制性标准增至4项。同时还修订了《公共信息图形符号　第1部分：通用符号》的国家标准(表1-5)。

2013年又是一个旅游行业标准制定与发布的高峰期。这一年，国家标准化管理委员会会同国家旅游局制定了《旅游景区数字化应用规范》国家标准。此外，还制定了《旅游目的地信息分类与描述》《城市旅游公共服务基本要求》《旅游企业标准体系指南》和《旅游企业标准实施评价指南》等共9项旅游行业标准(表1-5)。

表 1-5 2012~2013 年修制订的国家标准、行业标准汇总

标准号	标准名称	编修订状况
GB/T 15566. 9—2012	公共信息导向系统设置原则与要求 第 9 部分：旅游景区	编制
GB 28709—2012	非公路旅游观光车 座椅安全带及其固定器	编制
GB 28710—2012	非公路旅游观光车 前照灯	编制
GB/T 10001. 1—2012	公共信息图形符号 第 1 部分：通用符号	修订
GB/T 30225—2013	旅游景区数字化应用规范	编制
LB/T 019—2013	旅游目的地信息分类与描述	编制
LB/T 020—2013	饭店智能化建设与服务指南	编制
LB/T 021—2013	旅游企业信息化服务指南》	编制
LB/T 022—2013	城市旅游公共服务基本要求	编制
LB/T 023—2013	旅游企业标准体系指南	编制
LB/T 024—2013	旅游特色街区服务质量要求	编制
LB/T 025—2013	风景旅游道路及其游憩服务设施要求	编制
LB/T 026—2013	旅游企业标准化工作指南	编制
LB/T 027—2013	旅游企业标准实施评价指南	编制

2014 年，国家旅游局相继制定了《非公路用旅游观光车通用技术条件》和《品牌价值评价 旅游业》2 项国家标准。还相继制定发布了《旅行社安全规范》《旅行社服务网点服务要求》《旅游类专业学生饭店实习规范》《景区最大承载量核定导则》《绿道旅游设施与服务规范》和《国家商务旅游示范区建设与管理规范》等共 11 项旅游行业标准（表 1-6）。

表 1-6 2014 年制订的国家标准、行业标准汇总

标准号	标准名称	编修订状况
GB/T 21268—2014	非公路用旅游观光车通用技术条件	编制
GB/T 31284—2014	品牌价值评价 旅游业	编制
LB/T 028—2014	旅行社安全规范	编制
LB/T 029—2014	旅行社服务网点服务要求	编制
LB/T 030—2014	旅行社产品第三方网络交易平台经营与服务要求	编制
LB/T 031—2014	旅游类专业学生饭店实习规范	编制
LB/T 032—2014	旅游类专业学生旅行社实习规范	编制
LB/T 033—2014	旅游类专业学生景区实习规范	编制
LB/T 034—2014	景区最大承载量核定导则	编制
LB/T 035—2014	绿道旅游设施与服务规范	编制
LB/T 036—2014	自行车骑行游服务规范	编制
LB/T 037—2014	旅游滑雪场质量等级划分	编制
LB/T 038—2014	国家商务旅游示范区建设与管理规范	编制

2015年，是旅游行业标准上升为国家标准的高峰期，上升的具体变化情况列表如表1-7：

表1-7 旅游行业标准升国标对照表

行业标准号	标准名称	国家标准号	标准名称
LB/T 005—2011	旅行社出境旅游服务规范	GB/T 31386—2015	旅行社出境旅游服务规范
LB/T 008—2011	旅行社服务通则	GB/T 31385—2015	旅行社服务通则
LB/T 010—2011	城市旅游集散中心等级划分与评定	GB/T 31381—2015	城市旅游集散中心等级划分与评定
LB/T 011—2011	旅游景区游客中心设置与服务规范	GB/T 31383—2015	旅游景区游客中心设置与服务规范
LB/T 012—2011	城市旅游公共信息导向系统设置原则与要求	GB/T 31382—2015	城市旅游公共信息导向系统设置原则与要求
LB/T 013—2011	旅游景区公共信息导向系统设置规范	GB/T 31384—2015	旅游景区公共信息导向系统设置规范

此外，2015年还制定了《旅行社等级的划分与评定》，修订了《内河旅游船星级的划分与评定》。国家旅游局还制定了《导游领队引导文明旅游规范》《旅行社行前说明服务规范》《旅游发展规划评估导则》和《旅游休闲示范城市》共9项旅游行业标准（表1-8）。

表1-8 2015年修制订的国家标准、行业标准汇总

标准号	标准名称	编修订状况
GB/T 31380—2015	旅行社等级的划分与评定	编制
GB/T 15731—2015	内河旅游船星级的划分与评定	修订
LB/T 039—2015	导游领队引导文明旅游规范	编制
LB/T 040—2015	旅行社行前说明服务规范	编制
LB/T 041—2015	旅游发展规划评估导则	编制
LB/T 042—2015	国家温泉旅游名镇	编制
LB/T 043—2015	高尔夫管理服务规范	编制
LB/T 044—2015	自驾游管理服务规范	编制
LB/T 045—2015	旅游演艺服务与管理规范	编制
LB/T 046—2015	温泉旅游服务规范	编制
LB/T 047—2015	旅游休闲示范城市	编制

2016年共申请立项5项国家标准，对国家标准《旅游厕所质量等级的划分与评定》进行了修订；制定了国家标准《旅行社产品通用规范》；制定了《国家

绿色旅游示范基地》《港澳青少年内地游学接待服务规范》等6项行业标准（表1-9）。

表 1-9　2016 年修制订的国家标准、行业标准汇总

标准号	标准名称	编修订状况
GB/T 18973—2016	旅游厕所质量等级的划分与评定	修订
GB/T 32942—2016	旅行社产品通用规范	编制
LB/T 048—2016	国家绿色旅游示范基地	编制
LB/T 049—2016	国家蓝色旅游示范基地	编制
LB/T 050—2016	国家人文旅游示范基地	编制
LB/T 051—2016	国家康养旅游示范基地	编制
LB/T 052—2016	旅行社老年旅游服务规范	编制
LB/T 053—2016	港澳青少年内地游学接待服务规范	编制

2016 年也是全国标准化工作全面改革的一年，国家旅游局标准化处深入贯彻实施国务院《深化标准化工作改革方案》，在标准制修订方面推出了很多新规范举措：

一是创新机制，印发《旅游业国家标准和行业标准制修订工作管理办法》。为进一步加强旅游标准管理，提升标准制修订质量，标准化处完成《旅游业国家标准和行业标准制修订工作规范》（以下简称《规范》）修订工作，并印发全国各地。修订后的《规范》建立标准项目储备机制，细化标准项目管理要求，增加了标准立项评审、公开面向行业征求意见等环节，形成了更加科学合理的标准制修订过程管理体系，紧扣国务院深化标准化改革的要求。

二是强化管理，确保标准制修订质量。上半年探索建立了行业标准制修订事中监管和退出制度，向各有关单位印发了国家旅游局《关于清理旅游行业标准计划项目的通知》（旅办发〔2016〕52 号）和《关于做好已立项旅游行业标准编制工作的通知》（旅办发〔2016〕51 号），督促 2014 年前立项的编制单位尽快完成标准的制修订工作，并对所有在研标准提出质量要求。同时，标准评审会首次采用票决制决定标准是否通过评审，经全国旅游标准化技术委员会委员和业内专家投票，《饭店宴会服务规范》行业标准、《度假租赁公寓服务规范》国家标准未通过评审，票决制为严把标准质量关奠定了良好的基础。

三是严控增量，组织召开标准立项评审会。按照国务院深化标准化改革的精神要求，依据《旅游业国家标准和行业标准制修订工作管理办法》，2016年标准化首次引入专家评估机制对35项拟立项的旅游业标准进行评估，全国旅游标准化技术委员会专家和业内专家学者对从标准化方针政策、法律法规，国家产业政策、规划等方面进行把握，从严把控项目质量和数量，最终《海洋旅游安全规范》等14个项目为2016年旅游业行业标准项目，其他项目因量小、面窄、点散等原因被淘汰。标准立项评估机制的引入对于保证旅游标准体系科学完善具有十分重要的意义。

四是优化存量，开展强标精简和推标复审工作。按照《国务院办公厅关于印发〈强制性标准整合精简工作方案〉的通知》（国办发〔2016〕3号）、《国家标准委关于印发〈强制性标准整合精简评估办法〉的通知》（国标委综合函〔2016〕6号）和国家标准委《关于印发〈推荐性标准集中复审工作方案〉的通知》（国标委综合〔2016〕28号）的要求，我们负责对《宗教活动场所和旅游场所燃香安全规范》（GB 26529—2011）1项强制性国家标准和《旅游资源分类、调查与评价》等151项推荐性行业标准和国家标准（含已发布和在研）进行评估，提出保留、修订、合并或废止的工作结论。经过实地走访、座谈、书面征求意见、标准相互引用情况分析和专家审查等环节，现已基本完成对标准的复审和精简工作。

分析现行的130项涉旅国家标准和行业标准（不包括拟废止的标准），有以下三个特点：

第一，标准以旅游的要素为核心。在130项标准中，主要涉及旅游包括食、住、行、游、购、娱在内的传统六要素，共计85项，占比65.4%，涉及旅游标准基础、标准化工作、导向、标识等为45项，占比34.6%。体现了为游客提供旅游保障为核心的标准化理念。

第二，标准以质量评价与服务规范为主线。在现有的130项标准中，有82项为质量评价、设置与服务规范，占63.1%。体现了以品质服务为主线的标准化建设思路。

第三，标准以游客普遍需要为前提。在130项标准中，有95项为直接涉及服务于游客的标准，占比73.1%。体现了标准为游客普遍需要服务的前提，确保标准应具有一般性共识的要求。

2. 接轨国际

中国已成为旅游大国，特别是在出入境旅游方面发展尤为迅速，如何与国际上通用旅游标准接轨，始终是标准编制十分关注的问题。早在 2000 年 8 月，国家旅游局就致函原国家质量技术监督局，商请将《旅游涉外饭店星级的划分与评定》国家标准申报国际标准。国家质量技术监督局在国际标准化组织年会上，也将此项议案正式提交国际标准化组织。尽管国际标准的立项难度非常大，还需要做多方面的工作，但这是我国旅游标准化工作进入国际舞台的第一步，因此意义深远。

2001 年国家旅游局和世界旅游组织启动了“中国最佳旅游城市”标准项目的研究。在充分借鉴国际上评价城市旅游业的先进理念、建设国际一流旅游城市的先进经验并结合我国城市发展的特点，提出了与国际接轨的“中国最佳旅游城市”基本标准和创建指南，在 2006 年的成都、杭州、大连三个城市“创佳”试点工作中获得验证。此项目为世界旅游组织首次与我国政府共同参与的联合活动项目，也为我国制定的最佳旅游城市标准走向世界创造了良好的条件。

从 2001 年起，我国的旅游标准编制始终把类似国际标准作为重要参考，特别在标志用公共信息图形符号、公共信息导向、服务设施要求和服务质量规范及安全防范等标准制定中，注重参照国际相关标准的内容与表述。

为此，我国旅游标准在编制时，对相关标准中的图案、标识、文字说明及设施设置要求方面，积极与已有的国际标准相一致。在《公共信息图形符号 第 1 部分：通用符号》（GB/T 10001. 1—2012）、《公共信息导向系统设置原则与要求 第 9 部分：旅游景区》（GB/T 15566. 9—2012）、《旅游饭店星级的划分与评定》（GB/T 14308—2010）等标准编制中尤为突出。

在服务规程编制方面，在与国际惯例结合的基础上，增加具有中国特色的、传统的和宜使国际游客接受的规范与要求。这一点在《旅游饭店管理信息系统建设规范》（GB/T 26357—2010）、《旅行社安全规范》（LB/T 028—2014）、《旅行社出境旅游服务规范》（GB/T 31386—2015）、《旅行社行前说明服务规范》（LB/T 040—2015）等标准编制中得到充分体现。

近年来，我国旅游标准化工作走出国门，开始影响和带动周边国家。为全面贯彻实施《国务院关于印发深化标准化工作改革方案的通知》(国发〔2015〕13 号),围绕标准联通“一带一路”行动计划,按照旅游业“515”战略部署,推动中国旅游标准“走出去”,2015 年 12 月国家旅游局在广西桂林举办了首期老挝旅游景区标准化建设培训班,48 名老挝旅游专家参加了培训,取得了良好的效果。2016 年,在总结 2015 年工作经验的基础上,结合标准推广与实施内在规律,将改授课为主的教学模式为现场实践为主的方式,使得培训内容贴近实际,以进一步提升培训的效果。

在成功举办老挝旅游景区标准化建设培训班的基础上,国家旅游局将继续面向“一带一路”沿线国家开展旅游标准化交流和人才培训,加强中国旅游标准的外文版翻译,推动旅游标准的互认,参与国际旅游服务标准制定,加大中国旅游标准宣传推广力度,提高中国旅游标准的国际影响,统一国际国内旅游服务标准。

3.“准标准”建设

在旅游标准化建设中,还有许多办法、规范和制度尚不具备成为标准的条件,但在旅游业发展进程中又必不可少,或具有阶段性作用,或暂不具备普适性,我们把这些统称为“准标准”。

最为典型的是从 1995 年开始启动的创建“中国优秀旅游城市”项目,国家旅游局以优化城市旅游环境、提升城市旅游功能、促进城市现代化和国际化为目标,积极倡导和推动在全国范围内开展创建“中国优秀旅游城市”活动。“创优”工作取得了丰硕成果。在全国 600 多座城市中,已有 300 多座城市被命名为“中国优秀旅游城市”。而“中国优秀旅游城市”的创建依据是由国家旅游局编制的两个“准标准”,即《创建中国优秀旅游城市工作管理暂行办法》和《中国优秀旅游城市检查标准》。通过“创优”,城市的旅游环境、旅游功能、旅游开发管理水平和旅游服务质量都有了很大的改进和提高,旅游业发展的社会氛围更加浓厚,发展环境普遍得到改善。同时,“创优”进一步提升了我国城市发展水平,加快了城市与国际接轨的步伐。

此外,还有《中国最佳旅游城市》《中国旅游强县》《国民旅游休闲示范城市》《年度全国旅游服务质量标杆单位暂行评定办法》《全国旅行社统计调查排序标准》《全国旅游市场秩序指数指标体系》等，都是在现实旅游业中实施的“准标准”。而这些“准标准”是我国标准体系不可或缺的一部分，是现有标准的补充和配套。国家旅游局对此一直十分关注，不仅注重它存在的价值，更在人力、财力与政策方面给予支持，以确保“准标准”的建设与发展。

4. 地方与企业标准编制

为了满足旅游事业的良性发展、规范区域或企业旅游的环境与品质、提高服务水平和质量，为满足一些旅游业发展较快的地方和企业旅游事业的良性发展，规范区域或企业旅游的环境与品质，提高服务水平和质量，由地方或企业制定并提出契合本区域实际需要的有关旅游标准，以适应本区域和企业旅游业的快速发展。

由于各地旅游业发展的不平衡和当地旅游主管部门对旅游标准的认知不同，我国旅游业地方标准和企业标准建设不够均衡。

2009 年前，各地旅游标准建设比较缓慢，据不完全统计，全国各省地方旅游标准不到 100 项，旅游企业标准只有近千项。

随着 2010 年旅游标准化试点、示范工作的开展，加快了各地旅游标准建设的步伐，据初步统计，到 2016 年年底，由各省级标准化主管部门发布，涉及旅游行业的地方标准目前共计 499 项。

地方旅游标准和旅游企业标准不仅完善了我国标准体系建设，充实了标准内涵，更重要的是这些标准来自于旅游一线，更具有标准的活力与生命力，大大提升了标准化的精确度和准确率，为区域旅游发展奠定了坚实的基础和可靠的保障。

（二）组织机制

旅游标准编制规程的探索孕育了旅游业标准化组织的诞生，而旅游标准的宣贯与实施则大大促进了旅游标准化机制的不断完善与创新。

随着《旅游涉外饭店星级的划分与评定》标准的编制与发布，为有效促进旅游业标准的建设与推进标准化工作的快速发展，经当时的国务院国家质量技术监督局批复，国家旅游局于 1995 年成立了旅游标准化专业机构——全国旅游标准化技术委员会（SAC/TC210），负责旅游行业标准技术归口和标准解释工作。其主要任务是向国家旅游局和国家技术监督局提出全国旅游标准化工作的政策建议，协助国家旅游局组织全国旅游行业标准制定、修订、审查和复审工作。全国旅游标准化技术委员会是我国第210个全国专业标准化技术委员会，同时也是世界上第一个专门以旅游业作为标准化对象的全国性标准化技术委员会，它的成立标志着我国旅游标准化工作将迈向新时代，也将对国际旅游标准化工作的发展发挥积极作用。

同期，国家旅游局在旅行社饭店管理司设立价格与标准化处，归口管理旅游标准化工作。全国旅游标准化技术委员会成立和国家旅游局标准化行政机构的设立，标志着我国旅游标准化工作从此由起步阶段进入发展阶段。

1998年，国务院的“三定”方案中赋予国家旅游局“拟定各类旅游景区景点、度假区及旅游住宿、旅行社、旅游车船和特种旅游项目的设施标准和服务标准并组织实施”、“制定旅游从业人员的职业资格标准和等级标准并指导实施”的职能。国家旅游局设置了质量标准处，专职负责全国旅游标准化的具体工作，同时承担全国旅游标委会秘书处的工作。

2001年国家成立了国家标准化管理委员会后，与国家旅游局共同成立了全国旅游质量认证管理委员会。旅游标准化技术委员会则由国家标准化管理委员会委托国家旅游局负责领导和管理，委员由旅游行政管理人员和旅游专家及旅游企业的专业人员组成。

2003年，第三届旅游标准化技术委员会换届时，增设了旅游住宿、旅行社、旅游车船、旅游餐饮、旅游商品、旅游娱乐、旅游产品开发、旅游信息8个专家委员会。实行旅游标准立项年度计划申报制度，对建立旅游标准项目库和与国家标准化管理委员会年度立项计划工作的衔接都具有积极的意义。至此，我国初步建立了旅游标准化的领导机构与运作体系。

2007年，全国旅游标准化技术委员会正式成为国际标准化组织旅游及相关服务委员会（ISO/TC28）的参加成员。

2009年，国家旅游局成立了第四届全国旅游标准化技术委员会（SAC/TC210），共有委员29人。

各省市、地级市、部分县区政府旅游主管部门均有专人负责旅游标准化工作，有的省市还相继成立了旅游标准化组织与机构。据不完全统计，全国副省级以上的省市已有 17 个成立了各地的标准化技术委员会或标准化建设委员会，各试点地级市、县、区和企业均成立了旅游标准化建设领导小组，统筹和领导各地和企业标准化工作有序进行。

至此，我国已初步形成了从国家到地方的立体式、多元化的旅游标准化组织机制（图 1-1），以保障我国旅游标准化建设的顺利推进。

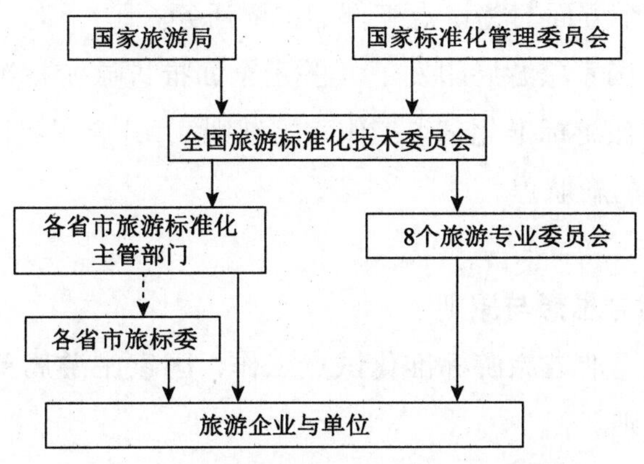

图 1-1　全国旅游标准化组织机构简图

（三）宣贯实施

“标准易编不易推”，这是对服务业标准化工作的写照，旅游标准化也不例外，纵观 29 年旅游标准化的发展，更能切身体验到这句话的现实性。

2009 年前，尽管已有几十项国家与行业标准，但真正在全国全面实施的标准并不多，实施得好的标准更少。究其原因，大致有以下几点：

一是宣传不到位。标准发布后被“高高挂起”，一方面标准发布范围小，很少有人知道有这个标准；另一方面，旅游主管部门不宣传、不讲解，甚至连标准在哪里有卖、哪有下载都不知道。

二是培训不到位。旅游标准发布后，虽有宣传，但不做必要的培训，包括标准培训员培养、向实施一线员工培训。使一线员工不知晓标准如何贯彻、如何实施。

三是指导不到位。即使有宣传和培训，如果没有指导同样无法真正实施旅游标准，因为旅游标准大多为评价和规范服务标准，如何做到评价最佳值，如何做好规范服务，特别是流程与职责等，都需要通过不断指导、实践和领悟才能执行好标准。

为了进一步推动旅游业各项标准的实施，全面提升旅游产业素质和旅游服务质量，国家旅游局从2009年开始着手开展全国旅游标准化的试点示范工作。提出了以“推行旅游业国家标准和行业标准、创新运行机制、培育品牌企业和形成标准化体系四个方面”为试点工作的主要任务。

2010年4月，国家旅游局印发了《关于全面推进旅游标准化试点工作的通知》和《全面推进旅游标准化试点工作实施细则》，开启了我国全面推进旅游标准化试点示范工作的新航程。

1. 确定试点指导思想与原则

为有效实施全面推进旅游标准化试点工作，国家旅游局首先提出了试点的指导思想与基本原则。

（1）指导思想

以科学发展观为指导，紧密围绕把旅游业培育成国民经济的战略性支柱产业和人民群众更加满意的现代服务业的总体目标，进一步加快我国旅游标准的制定、实施和推广步伐，提高旅游产品质量和服务水平，促进旅游业发展方式的转变和发展质量的提升，提高广大游客满意度，为构建社会主义和谐社会作出贡献。

（2）基本原则

①政府推动与企业为主相结合的原则。充分发挥各级政府的宏观指导和政策导向作用，也要充分发挥市场配置资源的基础性作用，广泛发动旅游企业及社会中介组织，激发市场主体的积极性和创造性，形成政府、企业、行业协会、中介组织等共同推进旅游标准化工作的合力。

②重点突破与全面推进相结合的原则。试点工作将先选择旅游标准化工作基础较好、积极性较高的地区和旅游企业进行，通过一定时期旅游标准化工作的培训、辅导，经过评估达到试点要求后，在此基础上形成经验，逐渐在全国范围内推广。

③软件提升与硬件提高相结合的原则。通过旅游标准的宣贯、实施，进一步规范旅游服务行为，提高旅游管理水平和旅游产品的质量，维护广大旅游者和旅游经营者的合法权益。同时促进旅游服务设施的升级和完善，全面提升旅游服务水平和产业竞争力。

④国家标准、行业标准和地方标准、企业标准相结合的原则。通过试点工作，充分调动各地推进标准化工作的积极性，逐步形成由国家标准、行业标准和地方标准、企业标准共同组成的四级旅游标准项目框架体系。

2. 制定工作目标与试点内容

明确试点工作目标与内容，是做好全面推进旅游标准化试点工作的核心，为此国家旅游局确定了试点的具体工作目标与试点内容。

（1）工作目标

一是加强现有旅游业国家标准和行业标准的实施力度，扩大其实施范围和影响力，规范和提高旅游服务质量和产品质量。

二是在试点地区建立符合当地旅游业发展特点的旅游标准化体系，提高旅游吸引力和竞争力，全面提升试点地区旅游整体发展水平。

三是培养一批运作规范、管理先进、服务优质、具有高水平企业标准的旅游示范企业，引导旅游企业向标准化、品牌化的方向发展。

四是创新旅游标准实施方法和评价机制。坚持标准实施与评价相结合的原则，改进当前以政府为单一评价主体的旅游标准评价体系，探索发挥行业协会和中介组织在标准实施及评价中的积极作用。

（2）试点内容

①确定本地区、本企业的旅游标准化发展规划或计划，并按步骤实施；

②大力推广实施旅游业国家标准、行业标准；

③制定和实施符合本地区实际和旅游发展特点的旅游业地方标准；

④旅游企业在执行国家标准、行业标准和地方标准的基础上，制定实施具有本单位特色、高水平、高标准的企业标准；

⑤实施与旅游业相关的其他公共服务标准；

⑥培养旅游标准化行政管理和旅游企业管理人才；

⑦建立旅游标准化专家队伍，加强旅游标准化科研工作。

3. 建立工作机制与工作步骤

为了切实落实和做好全面推进旅游标准化试点工作，国家旅游局还就试点工作的机制、工作步骤和具体申报做了详细的要求。

（1）工作机制

国家旅游局要求，各地旅游标准化试点示范的工作机制必须实现“统一指导、分级负责”。即：全面推进旅游标准化试点工作由国家旅游局监督管理司统一负责组织开展。参与创建地区的旅游行政管理部门负责本地区旅游标准化试点工作的组织实施，接受国家旅游局的指导。

（2）工作步骤

①确定试点单位阶段：各省级旅游行政管理部门统一向国家旅游局申报本地区的候选试点单位，国家旅游局经统筹选择后确定试点单位并公布。

②试点阶段：试点工作一般为一年半，各试点单位应制订试点工作方案，明确目标和任务，落实各项措施，对照试点评分标准开展创建、自检工作。并通过工作简报等形式，及时向国家旅游局报送试点工作进展情况。

③评估验收阶段：分中期与终期两部分进行，国家旅游局会同各省级旅游行政管理部门对试点单位进行中期抽查，并给予检查意见与建议。试点单位按照相关评估计分标准自查合格后，向国家旅游局提出终期评估申请，由国家旅游局委托全国旅游标准化技术委员会组织评估验收。

④命名表彰阶段：通过评估的试点单位将由国家旅游局命名为“全国旅游标准化示范单位”（示范省、示范市、示范县、示范企业），颁发牌匾、证书并进行必要的表彰或奖励。

（3）试点单位申报

由各省级旅游行政管理部门推荐本地区候选试点单位，可包括试点地区（省、市和县）和试点企业，并将推荐的试点单位名单上报至国家旅游局。候选试点单位应符合《全面推进旅游标准化试点工作实施细则》规定的条件。

国家旅游局将从各地上报的候选单位中统筹选择，确定并公布试点单位名单。

4. 旅游标准化试点工作开展情况

（1）首批旅游标准化试点单位情况

从2010年上半年起至2011年年底，经过近两年的试点，四川省和青岛市、苏州市、广西阳朔县等11个试点地区被确定为全国首批旅游标准化示范省、市（区、县），中青旅等全国57个旅游企业被确定为首批旅游标准化示范单位。

（2）第二批旅游标准化示范单位情况

从2012年上半年起至2014年6月，经过两年的试点，武汉市、成都市、腾冲县等26家试点地区为第二批旅游标准化示范市（区、县），中旅总社、携程旅行网等27家旅游企业事业单位作为第二批旅游标准化示范单位。

（3）第三批旅游标准化试点情况

2014年8月，确定合肥市、开封市、泰宁县等21个市、县（区）和北京凯撒国际旅行社有限责任公司、北京中塔有限责任公司等33家企业为第三批旅游标准化试点单位。最终确定合肥市等19个试点地区为第三批旅游标准化示范市（区、县），北京凯撒国际旅行社有限责任公司等30家旅游企业作为第三批旅游标准化示范单位。

国家旅游局通过近6年的努力，已进行了三批次183个试点单位（其中试点地区有61个、试点旅游企业有122个）的试点实践，已有170个单位获得标准化示范称号，其中地区性示范有56个、旅游企业示范114个。

国家旅游局实施的旅游标准化的试点示范工作，大大推动了各地标准化工作的有序开展，各省市特别是旅游发展较快和将旅游业作为主导产业的地区，纷纷效仿国家旅游局的做法，分别在本地区开展了试点与示范工作。标准化试点与示范工作不仅遴选了一批旅游标准化工作走在前面的地区与企业，更为旅游标准的具体宣贯与实施提供了经验与示范，是一项使旅游标准化事半功倍、一事多赢的好举措。

2016年，为了激发各地实施旅游标准、提升旅游服务质量，国家旅游局的标准宣贯工作也做出了新亮点：

一是“末位淘汰”。第三批全国旅游标准化试点验收不再全部通过。2016年是第三批全国旅游标准化试点终期验收年，国家旅游局向各省级旅游主管部门印发了《关于印发〈第三批全国旅游标准化试点单位终期评估工作方案〉的通知》（旅办发〔2016〕126号）（以下简称“通知”）。按照《通知》安排，没有达到试点标准或各类试点单位中评估分数排在最后一位的将不被确定为“第三批全国旅游标准化示范单位”。全国9个地级市、12个县（区）和33个企业的创建积极性明显提升。

二是联合发文，“旅游服务质量标杆”成为稳定政策。国家旅游局与质检总局联合开展全国旅游服务质量标杆单位遴选活动已开展了两届，评选出了18家具有行业引领性的旅游企业，2015年两局还建立了“质量自主声明和社会监督平台”，取得了良好的效果。为了给旅游企业一个稳定的政策预期，2016年，国家旅游局与质检总局联合印发了《质检总局　国家旅游局关于印发旅游服务质量提升工作规程的通知》（国质检质联〔2016〕347号），将旅游服务质量标杆单位和标杆培育试点单位遴选工作常态化的同时，还提高了门槛和要求。但企业参与的热情空前，全国27个省、市、自治区共有97家旅游企业提出申请。

（四）规范管理

标准化工作是一项系统工程，需要全行业、全过程和全员的全面标准化管理才能有效实现，规范管理是实现全面标准化管理的核心。

国家旅游局从1995年成立全国旅游标准化技术委员会起，就十分注重自身的规范管理，在经过近三年多的磨合后，1999年，国家旅游局制定并发布了《全国旅游标准化技术委员会章程》《全国旅游标准化技术委员会秘书处工作细则》。2000年，颁布施行了《旅游标准化工作管理暂行办法》和《旅游业标准体系表》，构筑了以旅游业诸要素为基础的旅游标准体系框架，为旅游业的进一步发展建立了科学、规范的技术支撑，是旅游标准化工作开展的重要依据，这对全面提高旅游服务质量和管理水平，实现旅游标准科学管理，起到了积极的促进作用。

2005年，国家旅游局起草制定了《全国旅游标准化2006~2010年发展计划》，提出了今后5年全国旅游标准化发展的指导思想、主要目标、任务和措施，目的是推动我国旅游标准化工作不断深入，进一步提高旅游业的服务质量和产业竞争力，保护消费者权益，促进我国旅游业加快发展，为实现旅游强国的宏伟目标提供强有力的技术支撑。

2009 年 4 月，根据国务院对旅游业的新定位和新要求，依据旅游业发展的需要，国家旅游局制定颁布了《全国旅游标准化发展规划（2009~2015）》。这是我国第一个关于旅游标准化发展的规划，具体提出了今后五年旅游标准化工作的目标、任务和做法。确定了通过大力实施旅游标准化引领战略全面提升旅游服务质量的总体目标，进一步明确了“市场导向与政府推动相结合、重点突破与整体提升相结合、标准制定与标准实施相结合”的旅游标准化工作推进原则。同时，还制定发布了新的《旅游业标准体系表（2009）》，初步构建了以旅游业诸要素为基础的旅游标准体系框架。

2009 年 9 月 9 日，为加强全国旅游标准化工作的管理，推进旅游标准化建设，提高旅游服务质量，增强旅游产业素质和国际竞争力，根据《中华人民共和国标准化法》《中华人民共和国标准化法实施条例》《国家旅游局主要职责内设机构和人员编制规定》《全国专业标准化技术委员会管理规定》等有关规定，国家旅游局制定了《全国旅游标准化工作管理办法》。该办法明确了“旅游标准化工作的任务是为实现我国旅游业发展的总体目标，建立和完善旅游业标准体系，制定标准、组织实施标准和对标准的实施进行监督，为旅游业的发展提供技术支撑”。“旅游标准化工作应当纳入旅游业中长期发展规划。”

2009 年 12 月 22 日，国家旅游局和国家标准化管理委员会联合签署了《关于推动旅游标准化工作的战略合作协议》，共同成立“旅游标准化工作协调推进委员会”，建立了工作机制，共同研究、协调、推动旅游标准化的各项工作。

2010 年 4 月，国家旅游局印发了《关于全面推进旅游标准化试点工作的通知》，大力推进政府主导下的旅游标准化试点工作。同时，还发布了《全面推进旅游标准化试点工作实施细则》，具体规定了试点的申请与受理、试点工作的实施、试点的评估、示范单位的管理和示范单位的复核等要求，为旅游标准化试点、示范工作做了实施与管理的铺垫。

2016 年 9 月，国家旅游局为规范我国旅游业国家标准和行业标准制修订程序，提高标准制修订质量，制定了《旅游业国家标准和行业标准制修订工作管理办法》，对标准立项条件及程序、标准项目管理、标准审查、标准发布以及标准复审等环节进行了详细的规范。

2009年11月、2012年3月和2014年9月国家旅游局分别在四川成都、湖北武汉召开全国旅游标准化工作会议，国家旅游局杜江副局长连续参加会议并做工作讲话。

至此，我国标准化管理工作在具有各项规范制度、办法和具体实施细则的背景下有序发展和科学管理。

二、中国旅游标准化成果丰硕

29年以来，我国旅游业大力实施旅游标准化引领战略，在旅游标准体系的建立、旅游标准的制定实施以及旅游标准化运行机制的创新等方面进行了很多有益的尝试，特别是近几年在全国开展的旅游标准化试点示范工作对规范旅游市场、提升旅游服务质量和加快旅游标准化建设发挥了重要作用，大大提升了旅游服务质量，有效规范了旅游市场的健康发展，取得了丰硕的成果，为深入推进旅游标准化工作奠定了良好基础。

（一）旅游标准体系渐趋完善

为了不断拓展旅游标准的覆盖领域，多年来，国家旅游局不断加大旅游标准制修订力度，按照《旅游业标准体系表》要求，编制了以基础标准、设施标准、服务标准、产品标准、方法标准为横向分类，以食、住、行、游、购、娱和综合类为纵向分类的各种标准。构筑了较为完整的、具有中国特色的旅游标准体系，为旅游业的进一步发展建立了科学、规范的技术支撑。截至2016年年底，我国旅游业已有涉旅国家标准48项、行业标准98项，省级地方标准达499项，旅游企业标准达2万多项，初步形成了由国家和行业标准、地方标准、企业标准共同组成的旅游业标准体系。

目前，我国是世界上制定和颁布旅游标准最多的国家。许多现有标准都是首创的旅游标准。如：《旅游区（点）质量等级的划分与评定》《内河旅游船星级的划分与评定》《旅游厕所质量等级的划分与评定》等标准。《旅游饭店星级的划分与评定》《标志用公共信息图形符号　第1部分：通用符号》《标志用公

共信息图形符号　第 2 部分：旅游设施与服务符号》等国家标准还荣获了首届“中国标准创新贡献奖”。

（二）旅游标准实施作用巨大

旅游标准化的核心工作是实施标准，29 年来，国家旅游局始终将标准的宣贯与实施作为旅游标准化的主导工作来抓。

旅游标准在促进行业素质提高方面起到了巨大作用，已经成为行业管理的一柄利器。自《旅游饭店星级的划分与评定》国家标准颁布以来，截至 2015 年年底，我国共有星级饭店 12327 家，除 222 家数据退回和 996 家暂停营业外，10550 家星级饭店中一星级 91 家、二星 2197 家、三星 5098 家、四星 2375 家、五星 789 家，星级酒店客房总数达到 146. 25 万间。我国饭店业整体服务质量得到了提高，受到了境内外游客的充分肯定。自《旅游区（点）质量等级的划分与评定》国家标准实施以来，全国 A 级旅游景区（点）的总数已达 6922 家，其中 1A 级 122 家、2A 级 1665 家、3A 级 2460 家、4A 级 2475 家、5A 级 200 家。显著地改变了我国旅游区（点）管理和服务长期落后的面貌，促进了我国旅游区（点）加快迈向保护、开发、建设、经营和管理的新高度，旅游标准化工作在提升旅游服务质量方面起到了巨大作用。

值得一提的是，旅游饭店星级评定标准将星级概念和星级评定制度引入我国旅游住宿行业，产生了巨大的经济效益和广泛的社会影响，使得星级概念得到了进一步延伸，扩展到几乎所有的社会公共服务行业和产业。继星级饭店后，在我国各地又普遍出现了星级医院、星级写字楼、星级出租车、星级服务员、星级营业员、星级投递员、星级厕所等。

A 级景区的创建标准更出乎标准本身的意料之外，这个标准的实施不仅驱动了景区发展的规范化建设，而且撬动了政府和全社会的强烈关注和支持，这是迄今为止一个标准所产生的社会影响力和牵动力的奇迹，堪称“中国服务业标准价值之巅”。对推动我国服务业整体质量水平的提升发挥了积极作用。

总结旅游标准实施的巨大作用，我们认为依据市场和企业的需求制定和实施旅游标准，是有效解决标准化工作中存在的标准供给与标准需求关系问题的金钥匙。只有符合标准需求的标准供给，才是有效的标准供给；只有具有市场需求的标准供给，在实践中才能取得成效。我国在旅游标准化工作中，一直注重发挥市场机制的作用。由《旅游区（点）质量等级的划分与评定》国家标准的制定和推行可知，在我们国家目前各种所有权景区林立的状况下，该项标准获得广泛的成功，关键因素还是适应了市场经济内在规则的需求。同样，《旅游厕所质量等级的划分与评定》实施以来，为规范旅游厕所的设施建设和管理提供了有效依据，基本改变了过去脏、乱、差的情况，使我国各类景区点的基础设施迈上了一个新台阶。

旅游标准的有效实施扩大了行业管理范围。旅游行业涉及面广、关联性强，如何做好行业相关管理工作又避免和其他行业主管部门发生冲突？旅游标准化工作的推进对此发挥了重要作用。通过旅游标准的制定和实施，旅游行业管理范围得到大大扩展，管理深度也不断有效拓展，使以前不能管、不好管的问题得到解决。如今，旅游标准化工作已经成为规范企业行为、加强行业管理、促进旅游业发展的一项必要手段。

（三）旅游标准化机制不断创新

为深入贯彻落实国务院41号文件中提出的要“以标准化为手段，健全旅游标准体系，抓紧制定并实施旅游环境卫生、旅游安全、节能环保等标准，重点保障餐饮、住宿、厕所的卫生质量”等要求，国家旅游局和国家标准委联合签署了《关于推动旅游标准化工作的战略合作协议》，共同成立了“旅游标准化工作协调推进委员会”，建立了工作机制，研究、协调、推动旅游标准化各项工作。各级旅游和质监、环保、城建、交通、卫生、工商、文化、园林和农委等部门相互配合、相互支持，各自发挥优势，为深入推进旅游标准化工作提供了组织机制保障。

“中国优秀旅游城市”“中国最佳旅游城市”“中国旅游强县”等标准化工作的有效开展以及地区“旅游标准化试点示范”的成功创建，充分验证了来自各地旅游标准化工作协调机制的机制魅力，为城市现代化、国际化建设的综合协调提供了新的模式与工作方法。

（四）旅游标准化意识普遍增强

随着旅游标准化工作的深入开展，各级旅游部门和相关旅游企事业单位对旅游标准化工作的认识由浅入深，由被动学标准到主动建标准，旅游标准化意识普遍增强，“标准化管理、人性化服务”的观念深入人心。各级旅游部门已经认识到旅游标准化工作是转变政府职能的重要抓手，是为旅游企业提供服务的重要载体，越来越多的旅游企业认识到标准化是强化企业管理、树立企业形象、增强信誉和品牌的重要手段，是增强市场竞争力、提高企业效益的有效法宝。

由于国家旅游局高度重视旅游标准化工作，全国旅游行业自上而下逐步建立健全旅游标准化管理组织，建立健全了旅游标准制定与实施的领导机构，有计划与制度保障，促使旅游标准化工作逐步走上规范化。同时，随着《行政许可法》的贯彻实施，各省级地方法规中，都把开展旅游标准化工作列入法规规范的范畴，从而有效地提高了地方开展旅游标准化的积极性，也使地方旅游行政管理部门进一步加深对标准化工作重要性、必要性的认识。在旅游管理工作中，加大对各项国家标准和行业标准的实施力度，同时结合当地实际出台旅游业相关的地方标准，为构建完整的旅游标准化体系作出积极的贡献，对旅游标准化工作起到了极大的推动作用。

同时，各类旅游企业在自身经营过程中也充分意识到标准化对企业带来的巨大作用。他们不仅自觉实施相关国家、行业和地方标准，许多旅游企业还结合自己的发展与管理的需要，编制企业标准，以规范和提高服务质量与品牌形象。更多的旅游企业将标准化落实到全过程、全业态和全员参与的全面标准化理念中，提炼出许多科学、创新的标准化管理思路与模式。

（五）形成了一整套旅游标准化工作模式

经过 29 年的旅游标准化实践，特别是通过全面推进旅游标准化试点示范工作，为推进旅游标准化工作积累了丰富的经验，形成了一整套行之有效的旅游标准化工作模式。

一是大力加强组织保障。旅游标准化工作必须成立专门的领导小组，主要领导亲自抓旅游标准化工作。要在可控范围内构建了“政府统一协调、旅游部门牵头主抓、各部门大力配合、社会各界多元参与”的旅游标准化组织推动机制，只有通过强化组织领导，才能有力地保障旅游标准化各项工作的顺利开展。

二是形成有效工作机制。旅游标准化光靠旅游主管部门是不行的，必须坚持旅游和相关部门形成联动工作机制，才能推进旅游标准化工作。只有在旅游标准化工作中注重旅游与多业态的融合，涵盖了旅游及相关企业，也包括了政府的公共服务领域，由过去的“条线”标准化变成了“板块”标准化，在更高层面上实现了融合助推发展。

三是加大旅游标准化宣传力度。应充分利用电视、电台、报纸、网络、户外广告牌等多种媒介，大力宣传旅游标准化工作，营造良好的旅游标准化工作氛围。可充分利用城乡街道宣传、媒体宣传、广告宣传等各种方式大力开展宣传工作，同时各旅游经营单位和各相关经营单位也开展不同形式的标准化宣传工作，使旅游标准化理念深入人心，提高全社会对实施旅游标准化的重视和支持程度。

四是强化旅游标准化培训和技术指导。要注重标准化的各级各类旅游标准化宣贯、实施培训，有效开展各层次旅游标准化工作指导；要注重业态细分进行分类指导的方法，对在标准化过程中所遇到的难题进行集中会诊、座谈交流、专题解读；要注重培养旅游标准化工作的专业人才，培养一批懂标准、用标准的复合型管理服务人才。

五是投入专项资金支持标准化工作。应将标准化工作纳入政府常态性工作，出台《旅游标准化工作管理办法（细则）》，对旅游标准化工作进行专项资金的常态性保障与支持，以确保旅游标准化工作顺利进行。

（六）全面推进旅游标准化试点示范工作成效显著

旅游标准化试点示范工作取得良好成效，共开展了三批旅游标准化试点工作，全国旅游标准化试点示范单位达到 170 个。树立了一批旅游标准化示范标杆，产生了较大的辐射带动作用，形成了一整套推进旅游标准化工作的经验，大大促进了地方旅游业的规范发展、健康发展和持续发展，促进了旅游企业管理服务水平的提高和企业品牌的塑造。

一是树立了一批旅游标准化示范标杆。自全国旅游标准化试点启动以来，共遴选出 1 个省和 60 个市县（区）、122 个企事业单位开展全面推进旅游标准化试点工作。经过严格考核和评估，三批试点单位中涌现出 56 个示范地区和 114 个示范企业。许多试点地区和旅游企事业单位在试点期间积极开拓进取，创新性地开展工作，摸索出一整套推进旅游标准化工作的路子，为进一步推进旅游标准化工作提供了示范和样板。

二是强化了旅游业各级标准的实施。通过全面推进标准化试点工作，各地旅游企业全面宣传贯彻旅游业国家标准、行业标准和地方标准，制定和完善旅游企业标准，进一步完善了各地的旅游标准体系，拓宽了旅游标准的覆盖领域。

三是完善了城市的旅游服务功能。通过开展城市旅游标准化试点工作，大力推动城市旅游集散中心、咨询中心、公共信息导向系统等旅游公共服务标准的实施，进一步完善了城市的旅游服务功能，使广大市民和游客充分享受到旅游标准化带来的便利和快捷。

四是提升了旅游业发展质量。通过贯彻实施各级各类旅游标准，推动了我国旅游业由粗放型外延式发展向精细化内涵式发展的转变。很多旅游企业在执行各级旅游标准的同时，建立了自身的企业标准体系，在企业内部推行标准化管理、精细化服务，企业管理和服务水平有了明显提高。

五是促进了旅游企业品牌化发展。通过开展旅游标准化试点工作，很多企业认识到，标准化管理是企业核心竞争力的重要体现，也是企业进行规模扩张、质量控制、形成专业化管理体系的重要依据，更是企业做大做强的重要基础。依托标准化管理，很多试点企业探索出了一条品牌扩张的成功之路。

六是游客满意度有了普遍提高。开展旅游标准化试点工作的主要目的是通过试点进一步加快我国旅游标准的实施和推广步伐，提高旅游产品质量和服务水平，提高广大游客的满意度。从国家旅游局委托第三方机构进行的游客满意度调查显示，各试点地区的游客满意度均稳步提高，而且有的城市游客满意度指数达到了较高的水平，这充分说明试点地区的旅游管理和服务得到了广大游客的普遍认可。

（七）实施旅游标准化带动战略

我国服务业的标准化工作相对于第一、二产业来说，发展还不快。由于旅游业的综合性强，关联性强，涉及食、住、行、游、购、娱等诸多方面，国家标准化管理委员会明确地把推动旅游标准化的发展作为推动我国服务行业质量水平和标准化水平的重要工作之一，希望通过旅游标准化的发展带动其他服务领域的标准化工作，推动我国服务业质量和管理水平的整体提高。我国旅游标准化从开始发展到今天，自始至终得到了国家标准化管理委员会的大力支持和民航、交通、铁道、文化、建筑等相关行业的积极配合。实践证明，推动旅游标准化工作率先在服务业中快速发展以实施旅游标准化带动战略，这一国家战略的思路和做法是正确的。

29 年来，中国旅游标准化建设经历了从无到有、从小到大的发展过程，在完善标准体系、提升行业品质、增强企业竞争力、拓展市场管理手段等方面取得了显著成效，为促进我国旅游业的发展发挥了不可替代的作用。中国旅游标准化工作的实践表明，只有正确引导、规范服务、市场认可，旅游标准才会显现出强大的生命力。只要坚持不懈，我们就一定能走出一条符合中国旅游标准化发展的路子，为我国实现旅游强国的目标作出贡献。

三、中国旅游标准化机遇与问题

在 2017 年 1 月召开的全国旅游工作会议上，李金早局长对我国旅游业发展所面临的国际经济环境和国内经济形势进行了深入分析，提出未来 35 年，我国旅游业应分“三步走战略：第一步，从粗放型旅游大国发展成为比较集约型旅游大国（2015~2020 年）。第二步，从比较集约型旅游大国发展成为较高集约型旅游大国（2021~2030 年）。第三步，从较高集约型旅游大国发展成为高度集约型的世界旅游强国（2031~2040 年）”。要实现这三步走的战略，标准化工作的基础保障作用尤显突出。近年来，在国家旅游局的积极倡导下，标准化工作越来越受到各级政府的重视和支持，正面临着良好的发展环境和机遇，同时，在如何顺应战略需要方面则面临着更为严峻的挑战。

（一）发展机遇

1. 党中央、国务院高度重视标准化工作

近年来，党中央、国务院高度重视标准化工作，把标准化工作与质量强国建设的目标相结合，与我国经济社会的科学发展和持续发展相结合，对标准化工作提出了更高的要求。党的十八届五中全会通过的《中共中央关于制定国民经济和社会发展第十三个五年规划的建议》中有 14 处直接提到标准和标准化工作。国务院于 2015 年 3 月 11 日发布了《深化标准化工作改革方案》，12 月 17 日发布了《国家标准化体系建设发展规划》（2016～2020 年）。同时，党中央、国务院在许多重要会议中都对标准化工作提出了明确要求。习近平总书记在讲到标准和质量的关系时特别强调“标准决定质量，有什么样的标准就会有什么样的质量，只有高标准才有高质量”。李克强总理也讲到“让标准成为对质量的‘硬约束’”。

《国务院关于加快发展旅游业的意见》（国发〔2009〕41 号）特别指出：“以标准化为手段，健全旅游标准体系，抓紧制定并实施旅游环境卫生、旅游安全、节能环保等标准，重点保障餐饮、住宿、厕所的卫生质量。”该文件还就加强旅游安全保障体系建设指出：“以旅游交通、旅游设施、旅游餐饮安全为重点，严格安全标准，完善安全设施，加强安全检查，落实安全责任，消除安全隐患，建立健全旅游安全保障机制。”

在《国务院关于促进旅游业改革发展的若干意见》（国发〔2014〕31 号）中就旅游服务、市场准入和运行、旅游设施设备、旅游信息服务、旅游安全等明确标准化的要求；在《国民旅游休闲纲要》和《旅游法》中也多处提及标准及标准化的要求。

时任国务院副总理，现任中央纪律检查委员会书记王岐山对旅游标准化工作非常关心和重视，他在考察和听取旅游工作汇报时多次强调标准化工作的作用。他指出，政府要优化旅游市场环境，这个环境，有硬有软，硬环境涉及设施，软环境涉及标准、法规。政府负责的旅游产业发展硬环境和软环境建设，现在首要的是软环境建设，要通过观念的转变、标准的确立，通过加大培训力

度，通过市场来配置资源，促进发展。他特别强调：“如果标准拿住了，就拿住了整个行业和产业。”党中央、国务院领导同志对旅游工作的关心和支持，特别是对旅游标准化工作的极大关注，为我国的旅游标准化工作指明了工作方向和奋斗目标，旅游标准化工作面临着难得的机遇。

2.《质量发展纲要》进一步强化了标准化工作的基础作用

2012 年 2 月，国务院发布了《质量发展纲要（2011～2020 年）》（以下简称《纲要》），明确提出建设质量强国的战略目标。《纲要》提出，质量反映一个国家的综合实力，是企业和产业核心竞争力的体现，也是国家文明程度的体现；质量既是科技创新、资源配置、劳动者素质等因素的集成，又是法治环境、文化教育、诚信建设等方面的综合反映。质量问题是经济社会发展的战略问题，关系可持续发展，关系人民群众切身利益，关系国家形象。质量强，标准必须强，建设质量强国，标准必须先行。《纲要》明确提出了要加快包括旅游业在内的我国服务业标准体系建设，不断提升标准的先进性、有效性和适用性等要求。

为了在旅游行业全面贯彻落实国务院文件精神，提升旅游服务质量，国家旅游局制定了《旅游质量发展纲要（2013～2020 年）》（以下简称《旅游纲要》）。《旅游纲要》将旅游标准与标准化作为提升旅游服务质量的基础性与保障性工作，在旅游环境与设施质量、旅游产品质量、旅游服务质量中强调标准与标准化的具体目标，全文中共有 61 处提及标准与标准化。

《旅游纲要》还将“推进旅游标准化建设”作为“夯实旅游质量发展基础”的首要基础，指出“全面实施标准化引领战略，进一步发挥旅游标准在旅游业发展中的规范、引导和促进作用。加大旅游标准制修定工作力度，推动旅游行业标准领域自主创新，不断提升标准的先进性、有效性和适用性，加快旅游标准体系建设，扩大旅游标准覆盖范围。加大旅游标准宣贯力度，促使更多旅游企业、科研院校、社会机构等主动参与各项标准的制定。创新旅游标准化管理体制、工作机制和运行机制，充分发挥各方面的积极性，形成旅游行政管理部门、行业协会、中介组织和旅游企业协调配合、共同推进的工作格局。增强实质性参与国际旅游标准化活动的能力，推动我国优势旅游标准成为国际标准”。

《旅游纲要》把“标准化试点示范工程”作为“旅游质量提升重点工程”

的首要工程，强调该项工程必须“深化旅游标准化试点工作，发挥旅游标准化示范效应，进一步扩大旅游标准化试点范围。通过深入开展旅游标准化试点示范工作，不断扩大我国旅游标准覆盖领域和范围，强化旅游业标准的实施效果，完善旅游标准化运行机制，全面提升旅游服务质量”。

《旅游纲要》还在“安全旅游建设工程”部分中提出要“推进旅游安全标准建设”；在“旅游品牌建设工程”中提出“建立旅游品牌建设标准体系”；在“旅游人才培养工程”中提出“创造条件开设旅游质量管理、旅游标准化等课程”，积极开展“标准化、质量管理和服务技能培训”；在“完善配套政策”中提出“对旅游服务质量创优、旅游技术标准创新、旅游品牌创建、旅游诚信建设等方面取得突出成绩的单位和个人给予奖励”等。

总之，旅游质量的提升是一项涉及旅游发展方方面面的全局性、综合性、系统性、长期性的工作，需要各级政府、相关部门的大力支持和密切配合。最根本的是需要旅游及相关企事业单位能够深入贯彻实施各级旅游标准，按照标准化管理、精细化服务的要求，通过持续努力，不断提高自身管理和服务水平，提高旅游产品质量，打造优质服务品牌。在全面提升旅游产品和服务质量的进程中，旅游标准化工作将发挥不可替代的作用。

3. 各级政府和相关部门更加关注旅游标准化工作

近年来，各级政府和相关部门对旅游标准化工作给予高度关注，在组织机构建设、政策支持、资金保障、标准的宣贯培训等方面都对旅游标准化给予倾斜和支持。这一点在全国旅游标准化试点地区与试点企业上表现尤为明显，以试点示范省的四川省为例，四川省人民政府全力推动全省旅游标准化试点工作。从 2012 年起，用 4 年时间实施“全面推进旅游标准化行动计划”，并在同年 3 月 1 日召开了由主管副省长和各地州及相关部门领导参加的“全省实施旅游标准化行动计划启动大会”，全面部署全省旅游标准化各项工作。在已经成为示范的苏州市、武汉市、绍兴市等 17 个副省、地级市区，延庆县、遂昌县、武夷山市等 20 个县及县级市中，当地的党政一把手都在所在地区召开的旅游发展大会上明确要求，将在首批开展旅游标准化示范单位创建活动的基础上，进一步实施标准提升工程，进一步加大标准化财政投入，进一步完善奖励制度，进一步强化标准化工作考核制度，确保旅游标准化建设得到持续推进。此外，几乎所有示范市县（区）政府都对旅游标准化工作给予高度关注，增列旅游标准化专项资金，加大旅游标准化工作的投入，深入推进旅游标准化工作。

无论是试点示范地区，还是未直接参与试点示范的其他各地旅游主管部门，都在旅游标准化的具体建设中，积极与相关职能部门合作，共同推进标准化工作发展与建设。特别在标准编制、标准宣贯、标准实施和标准监管与评价等方面，主动与当地质监局、财政与人力保障部门合作，得到了政策、技术、资金与人力资源等诸多方面的支持。为顺利、有效地落实旅游标准化的各项工作提供了有力的保障。

4. 旅游业持续发展需要旅游标准化工作发挥更重要的作用

近年来，我国旅游业仍保持了平稳增长。国家旅游局李金早局长在 2017 年全国旅游工作会议上说，2016 年中国旅游业对国民经济综合贡献达 11%，与世界平均水平持平。我国旅游市场量质齐升，2016 年我国旅游消费保持高速增长，入境旅游继续复苏，出境旅游回归理性，三大市场进呈现均衡发展新格局。2016 年全年接待国内外旅游人数超过 44.4 亿人次，旅游总收入达到 4.69 万亿元，同比去年分别增长 11%和 13.6%。

世界旅游业稳定增长。虽然国际经济动荡不定、国际旅游消费需求走低、全球旅游市场竞争加剧，但全球旅游业保持稳定增长态势，4%~5%的增速将在今后几年中得到巩固。从地区格局来看，亚太旅游业蓬勃发展，全球旅游发展重心将继续东移。国际消费结构未来几年不会有大的变化，近程市场进入以休闲为主的时代，但远程市场仍将以观光旅游和商务旅行为主。

我国旅游业正处于大众旅游初级阶段向中高级阶段演化的关键时期。市场需求面的两个常态化进一步显化：旅游消费进入老百姓的常态化消费需求，成为人们日常生活的重要组成部分；旅游活动进入老百姓的常态化生活空间，旅游者的异地生活和市民的本地生活日益融为一体，休闲越来越成为主流的旅游动机。产业发展最突出的特征体现为创新驱动和跨界融合，资本、技术、年轻创业团队将继续引领行业发展。

正是由于我国已经进入大众化旅游时期，并且正朝着中高端旅游发展，因此，广大人民群众对旅游市场规范有序发展的要求越来越高，同时也对旅游服务品质提出了更高的要求，这些都需要全行业共同努力，充分发挥旅游标准化规范市场、提升服务和引领发展的基础作用，以满足广大游客对旅游发展环境和发展水平的更高要求。

5. 全域旅游需要标准和标准化的保障

已写入国家政府工作报告中的全域旅游，正在全国如火如荼地开展。但全域旅游是一种新概念、新思路，没有现成的经验与成果好借鉴，因此，越来越多的创建示范区感觉到来自对如何有效开展全域旅游工作的压力，特别是在把控诸多具体发展目标和建设质量上，往往缺乏参考的标准与规范，缺乏认识一致的标准化建设思路，以至于部分全域旅游示范区创建工作走上歧路、弯路或停顿。这反映出标准和标准化保障的重要性与价值。全域旅游应通过在现有的国家标准、行业标准、地方标准和团体标准的基础上，进行制标、对标、贯标、再制标、再对标和再贯标的循环性标准化工作，才能确保全域旅游的健康发展。因此，对全域旅游的保障是今后一个时期旅游标准化工作的重要机遇。

6.《全国旅游标准化发展规划（2016~2020）》更加明确了旅游标准化建设的目标

根据《全国旅游标准化发展规划（2016~2020）》（以下简称《规划》），到2020年，全国旅游标准化发展总体目标为：旅游标准化工作改革有效深化，体制机制进一步完善；支撑产业发展的旅游标准体系更加健全，标准质量水平显著提升；旅游标准实施效果明显增强，整体质量效益及其对旅游业发展的贡献率大幅提升；旅游标准化发展基础更加坚实，标准创新能力和参与国际旅游标准化活动能力明显增强。《规划》还提出了四个具体目标、五大任务和五项工程：

四个具体目标：旅游标准化体制机制日益完善；旅游标准体系更加健全；旅游标准化实施效果明显增强；旅游标准化发展基础更加坚实。

五大任务：深化旅游标准化改革；完善旅游标准体系；提高旅游标准水平；提高旅游标准实施效果；夯实旅游标准化基础。

五项工程：旅游标准化改革创新工程；旅游标准优化拓展工程；旅游标准实施推广工程；旅游标准化试点示范工程；旅游标准化基础优化工程。

（二）问题犹存

在分析了解旅游标准化工作良好机遇的同时，我们必须看到，我国现行的旅游标准化工作还不能适应日益增长的旅游发展需求，还存在一定的问题，更面临着严重的挑战。

1. 旅游标准整体质量有待提高

我国目前的旅游标准数量虽居世界第一，但整体质量不容乐观，难以满足旅游业提质增效升级发展的需求。主要表现在以下几个方面：

一是标准质量参差不齐。由于参编单位、参编人员和审核机制等多方因素，造成已编标准质量不一，特别在标准的普适性、规范性上质量参差不齐的现象尤为突出。

二是部分标准可操作性不强。目前已发布的标准中真正有效实施的不多，究其原因主要在于很多标准缺乏可操作性。部分标准由于更新较慢而失去了标准规范的时代意义，也就失去了操作性。

三是标准老化滞后。由于旅游发展速度较快，特别是新技术的应用、理念的更新和出游需求与方式的变化，使得部分标准严重老化和滞后，已无法适应旅游实际对标准的需要。

四是标准的技术内容强调不足。标准应体现科学性，技术内容应丰富、科学、合理，不应粗制滥造。各级标准化管理部门对标准制定和出台要严格把关，不能只求数量不讲质量。技术含量极其低下的标准不仅会给业界造成严重损失，而且会损害标准化工作的整体形象，此类标准应尽早予以剔除。

五是旅游标准制定的目的不清晰。旅游标准是为旅游行业服务的行为进行规范性引导、有效提升服务质量，而不是为了政府与企业的双方博弈。在标准的编制宣贯和认证中，我国政府变成了旅游标准的供应方，而企业是旅游服务的供应方，消费者（游客）是旅游服务的对象。缺乏旅游企业与消费者（游客）等相关利益方的参与，标准只能体现政府行业管理的意志，而不能顾及其他相关利益方的利益。

2. 旅游标准体系结构不够合理

旅游业中新旅游业态和形式的不断涌现，使得现有的旅游标准体系水土不服。旅游标准覆盖领域仍然不够宽广，标准之间存在一定的交叉重复矛盾，市场自主制定、快速反映需求的旅游标准不能有效供给，新兴旅游领域标准相对缺失，难以适应旅游市场经济的发展要求。

3. 旅游标准化实施推广机制不够完善

旅游标准化的落脚点是旅游标准的实施，而这需要有一整套机制的保障。虽然我们通过标准化试点示范初步形成了“政府部门指导、行业协会运作、企业共同参与”的工作格局，但要推广至全旅游业，特别是融合性旅游业态仍有较大的阻力。具体体现在参与主体不够广泛，推进协调机制不够健全，配套政策措施相对不足等旅游标准化实施推广机制中，亟须提高标准实施效益。

4. 旅游标准化创新能力需要增强

旅游标准化创新能力主要体现在旅游标准化理论研究、标准创新、组织体系建设、参与国际旅游标准化水平和专业人才培养等方面。从我国旅游标准化现状来看，旅游标准化专家队伍建设及相关理论研究与标准创新相对滞后，旅游标准化技术组织体系需进一步拓展和优化，实质性参与国际旅游标准化活动的能力和水平亟待提高。特别是旅游标准化专业人才严重缺乏，亟须政府、行业与企业予以高度重视与增强。

5. 旅游标准化保障旅游发展能力亟待提升

旅游标准与标准化是旅游业发展的基础性保障，旅游标准是旅游业技术、服务质量与规范、监督与管理、评价与考核的依据，旅游标准化则是旅游业得以有序发展和获得有效评价的支撑性工作。制定适合旅游业发展需要的标准固然重要，而如何让标准落地实施显得尤为重要。目前，除 A 级景区评定和星级饭店评定相关标准落实良好外，其他标准的实施状况不容乐观，尤其表现在为全域旅游保障的厕所标准、集散中心标准、各种服务规范标准等，更显得薄弱。应该说宣贯与实施标准是目前标准化工作亟待提升的最大问题，也是标准化工作真正保障好旅游业的最大问题。

四、中国旅游标准化前景展望

在新的历史时期，我国正在按照全面建成小康社会、全面深化改革、全面依法治国、全面从严治党的战略布局，齐心协力为实现“两个一百年”奋斗目标、实现中华民族伟大复兴的中国梦而奋斗。我国正在大力实施“一带一路”“长江经济带”“京津冀协同发展”等国家重大战略，正在协同推进新型工业化、城镇化、信息化、农业现代化和绿色化发展。我国经济发展进入新常态，正从高速增长转为中高速增长，从规模速度型粗放增长转向质量效率型集约增长，从要素投资驱动转向创新驱动。我国旅游业迎来了新的重大发展机遇，正在成为经济发展新常态下的新引擎，进入提质增效升级发展的新阶段。

中国旅游业的快速发展、产业的转型升级、旅游强国目标的实现，需要旅游业发展各要素的加快完善、共同提升，需要各项旅游公共服务设施、各种旅游保障措施和技术手段的有效提供，这些都需要进一步发挥旅游标准化对产业发展的技术支撑和保障作用。今后一段时期，我国旅游标准化工作将在以下几个方面有所突破。

（一）深化旅游标准化改革

进一步发挥市场在资源配置中的决定性作用及政府的作用，着力解决旅游标准体系不完善、管理体制不顺畅、与旅游业发展不适应问题，改革旅游标准体系和标准化管理体制，改进旅游标准制定工作机制，强化旅游标准的实施与监督。坚持简政放权、放管结合，培育发展旅游团体标准，放开搞活旅游企业标准，激发旅游市场活力，保证旅游标准的基本供给，增强旅游业发展的创新驱动力和技术支撑力。

（二）完善旅游标准体系

服务于现代旅游业提质增效、转型升级和创新发展的需要，遵循系统性、协调性、完整性和开放性原则，加大旅游标准制修订力度，进一步拓展旅游标准覆盖领域，建立旅游业基础标准、旅游业要素系统标准、旅游业支持系统标准和旅游业工作标准覆盖全面、有机衔接，政府主导与市场自主制定标准协同发展，推荐标准与强制标准协调配套的新型旅游标准体系，为更好地适应、引领、规范和促进旅游业发展奠定坚实的基础。

（三）提高旅游标准水平

服务于旅游业创新驱动发展，发挥旅游标准对旅游创新体系建设和相关科技创新成果转化的桥梁和纽带作用，通过健全旅游标准化与科技结合互动机制，优化旅游标准立项、制修订、审核与发布流程，深化旅游标准化理论研究，推动国家和地方旅游标准创新，提升旅游标准研发与实施主体的标准化能力，加强旅游标准化的国际合作和国际标准采标与研制，不断提高旅游标准的技术含量、质量水准和国际化水平。

（四）注重旅游标准实施效果

以提升旅游标准化工作的有效性为重点，加强旅游标准管理，提高管理的科学化、规范化水平。加大旅游标准宣贯和实施力度，完善旅游标准化运行机制和协调机制，进一步加强地方旅游标准化工作，发挥旅游企业标准实施的主体作用，提高旅游标准化试点示范水平，强化旅游标准实施后评估和标准实施信息反馈工作，提高旅游标准的实施效果。

（五）夯实旅游标准化基础

加强旅游标准化基础能力建设，逐步完善旅游标准化相关政策法规和规章制度。健全各级旅游标准化工作机构，加强旅游标准化信息化建设，构建权威高效的旅游标准化信息公共服务平台，提升旅游标准化服务与管理水平。加强旅游标准化理论研究，构建标准化科研支撑体系，加强标准化人才队伍建设，完善标准化人才教育培训体系，为旅游标准化提出有力的科技和人才支撑。

旅游业面临的新形势、新机遇、新挑战和旅游业自身发展新态势，均对旅游标准化提出了新的更高的要求。提高旅游标准化整体质量效益成为旅游业面临的重要任务，必须通过深化旅游改革，优化标准体系，完善标准管理，提升旅游标准化水平，进一步规范和引领旅游产业发展，为打造中国旅游“升级版”，建设旅游强国，为我国经济社会发展做出更大的贡献。

BⅡ 地方发展篇

B.2 地方旅游标准化发展综述

刘庆安

我国开展旅游标准化工作的近30年间，各省、自治区、直辖市推动该项工作态度积极、成果丰硕，贯彻落实了国家旅游局在旅游标准化领域的工作部署，并且通过因地制宜、各具特色的丰富实践获取了很多有益的工作经验，为旅游标准化的前进奠定了坚实的基础。

一、地方旅游标准化工作成效

1. 标准制定方面

在国家旅游标准化体系建设和相关政策的指引下，除个别省级行政区域之外，全国多数省份都能够结合当地标准化工作推进规划和旅游业发展实际，建成并完善符合各省实际的旅游标准体系。

各地不只积极宣贯与旅游业相关的国家标准和行业标准，还能够因地制宜，制定本区域使用的旅游地方标准，填补了很多领域的标准空白。上海市制定颁布的《老年旅游服务规范　第1部分：旅行社》是国内首个老年旅游地方标准；《旅游集散中心服务质量要求》对旅游集散中心的服务率先进行了规范；《会议

［**作者简介**］刘庆安，中国旅游研究院旅游标准化研究基地研究员，浙江旅游职业学院讲师，博士，研究方向为旅游标准、旅游文化。

经营与服务规范　第1部分：会议服务机构》则是中国会议服务业首个地方性标准，填补了我国在该领域的空白。浙江省则根据本省实际，制定了《旅游集散中心等级划分与评定》《生态旅游区建设与服务规范》以及《农家乐经营户（点）旅游服务质量星级划分与评定》等11个现行有效的省级地方标准。新疆的标准制定有三个工作方向，一是依据《新疆维吾尔自治区标准化发展战略纲要（2011~2020年）》，积极研制和修订各级各类旅游标准，并重点推出一批填补疆内空白的旅游标准。二是加强对各级旅游主管部门旅游标准制定工作的业务指导，注重地方标准与国家标准、行业标准之间的配套与衔接，通过标准化手段推进区域旅游一体化发展进程。三是加强对企业标准制定的工作指导。鼓励有条件的旅游企业开展企业标准的研究制定工作、建立和完善企业标准体系。截至2016年年底，各省、直辖市、自治区制定的省级旅游地方标准已达499项。

在地方标准推行并取得成熟经验之后，为使相关标准和工作经验可以在更大范围内推广和适用，部分省份积极配合相关国家标准与行业标准的编制工作。北京、浙江、上海、河南、江苏、陕西、广东以及云南等省份在此领域做出了较多的工作。以浙江省为例，迄今为止，该省已有四项地方标准升级成为国家标准，八项形成旅游行业标准。

2. 标准宣贯方面

标准的制定是标准化工作的基础性工作，而贯标则是实现标准化工作成效的关键步骤。各地的旅游标准的宣贯实施，兼顾国家标准、行业标准以及地方旅游标准等多个类型。按照各地构建的旅游标准化体系，在以国家标准、行业标准规范旅游饭店、A级景区和旅行社等传统旅游行业经营和服务等方面之外，同样注重旅游地方标准的宣贯实施。广西依据相关国家标准和行业标准，评定星级旅游饭店466家、A级旅游景区307家，有效推动相关行业的管理运营水平与服务质量，与此同时，还依据地方标准评定星级农家乐869家，广西“森林人家”35个、广西农业旅游示范点169家、广西特色旅游名镇（村）36个。这些地方标准的应用实施，对具有地方特色的旅游行业具有指导和引领作用，对其发展壮大具有积极意义。

各地旅游标准的宣贯注重对旅游产业的全面覆盖、注重标准对服务质量的提升作用。行之有年的饭店星级评定、景区等级评定等固不必说，各地对旅行社行业、旅游商品购物点、旅游交通企业等标准的应用实施进行了很多有益的尝试。江苏、浙江、江西、云南、宁夏等省、自治区对旅行社行业相关地标进行了宣贯，评定了数十家到数百家不等的星级旅行社，对行业管理、规范与发展起到了非常积极的作用。云南省重视依据各类标准，对旅游行业以及各类从业人员进行质量等级评定。到 2016 年 12 月 31 日，共认定星级旅游饭店 829 家、A 级旅游景区 232 家、星级旅行社 483 家、星级旅游购物场所 166 家、依国标认定星级旅游汽车公司 15 家、依地标认定星级旅游汽车公司 39 家、星级旅游车辆 4691 辆、星级旅游汽车驾驶员 5648 名、星级导游 10307 名、星级经济型酒店 100 家、星级特色民居客栈 244 家、星级旅游餐馆 246 家、旅游团队餐企业 246 家、星级温泉企业 9 家。浙江省共评定 875 家星级饭店，369 家 A 级景区，450 家品质旅行社，22 家特色文化主题酒店，58 家浙江省星级乡村旅游点，67 家浙江省果蔬采摘旅游基地，10 家旅游咨询服务中心，11 家旅游商品购物点，2 家房车旅游营地和 1 家星级度假公寓，覆盖了旅游住宿、旅游景区、旅游公共服务、乡村旅游、旅游购物等旅游行业的各个方面。

3. 旅游标准化试点工作

为发挥区域或行业示范企业在旅游标准化领域的先进表率作用，以点带面，带动旅游标准化的全面开展，旅游标准化试点工作近年来一直是各级旅游主管部门的工作重心之一。该项工作开展至今，多地现已形成国家旅游标准化试点、省级、市级标准化示范创建的多级试点体系。截至目前，已有上海、浙江、北京、广西、福建、海南、湖北、河南、甘肃、天津、吉林以及宁夏等省份开展省级旅游标准化试点工作，并评选了数家到数十家不等的试点单位。其中，四川省全域作为国家旅游标准化示范单位，现已将国家、省、市三级旅游标准试点工作体系构建完毕，现有国家旅游标准化示范单位 7 个，省级示范创建的单位市（州）级 21 个，县（市、区）级 56 个，各类旅游企业单位 196 个。市（州）级示范创建亦在进行。此外，广东省肇庆市也自行开展了市一级旅游标准化试点工作，在首批 6 家试点单位中成功创建了 4 个市级旅游标准化示范企业。

随着旅游标准化工作的不断推进，其经济效益和社会效益在各地不断显现。

表现之一是旅游经济持续增长。旅游标准化带动了各地旅游基础设施建设水平大幅提升，使旅游服务质量进一步提高，为旅游接待能力成长、收入的持续增加奠定基础，并拉动了旅游关联产业的发展。二是旅游投诉比率持续下降，进步的服务质量和硬件水平带来了旅游满意度的不断提升；三是提升了旅游品牌形象。标准化在各个行业的制定与贯彻实施，使旅游饭店、重要景区、旅行社等行业在发展理念与服务方式、服务品质等方面得到有效提升，增强了旅游企业的品牌形象和竞争力。全国旅游标准化示范单位、各级服务质量奖获奖单位等先进典型在影响和带动标准化在旅游行业推进的同时，也成为企业品牌的重要标杆。

二、地方旅游标准化建设和发展经验

1. 标准建设，规划先行

全国旅游标准化工作进入新世纪以后开始走上了快车道，2009 年印发《全国旅游标准化发展规划（2009~2015）》为标准工作的发展制定了发展路线，为旅游标准工作的稳步推进提供了保障，规划发挥的统筹谋划作用也为各地的旅游标准化工作开展提供了有益的思路。现在全国已有多地旅游行政管理部门根据本地实际，发挥高校旅游专业、科研院所以及相关技术团体的智囊作用，编制了本区域旅游标准化工作的规划，使相关工作的规划部署有条不紊、科学有效。北京市较早开展了旅游标准化的规划工作，2010 年组织制定了《北京旅游业“十二五”标准化发展规划》，成为北京市全面系统推进旅游标准化建设的纲领性文件。目前，《北京旅游业“十三五”标准化发展规划》和《北京市旅游标准体系（2016~2020）》已开展编制工作。宁夏回族自治区旅游局今年来相继出台了《宁夏旅游行业标准化规划（2009~2015）》《全区旅游行业开展旅游标准化试点工作方案》《宁夏回族自治区旅游局全面推进旅游标准化试点工作实施细则》《贯彻实施旅游质量发展纲要 2013~2015 年行动计划》《宁夏回族自治区旅游服务质量提升行动计划（2015~2017）》《旅游规划编制与论证评价办法》《打造特色鲜明的国际旅游目的地规划》《宁夏休闲旅游发展规划》等规划与政策措施，以此来规范引导全区旅游标准化工作的顺利开展。“十二五”期间，山东、云南、四川等省也都发布了《旅游标准化发展规划》，为相关工作的顺利开展做好保障。其中，云南省还于2010年年初拟定了《云南省旅游标准化工作实施方案》《云南省旅游标准体系构建与总体设计》等指导性文件。除此之外，河南省将旅游标准化工作安排纳入《河南省"十二五"旅游业发展规划》。甘肃、新疆等地则依据全国旅游标准化发展规划与本地标准化发展规划进行了任务分解，分别制定了《旅游标准化发展战略纲要实施方案》。实践表明，"十二五"期间各地旅游标准化工作的不断推向前进，与制定规划的科学、严谨密不可分。

2. 重视发挥旅游标准化技术组织功能

旅游标准化技术委员会是旅游标准化工作的技术部门，是旅游行业管理、营销、服务、科研、教学、监督、检查等诸多领域的技术保障单位，对于旅游标准工作的规划、标准体系的制定乃至标准工作的方针政策制定具有不可替代的作用。国家层面的旅游标准化技术委员会自1995年成立以来，为旅游标准化事业做出了很多的贡献。地方旅游标准化技术委员会的创设始自浙江省。2005年4月12日，第一届浙江省旅游标准化技术委员会经省质监局批准成立，开了地方旅游标准技术组织的先河。十多年来，全国已有多个省份成立或计划成立标准化技术委员会。

上海市于2011年成立了"上海市旅游标准化技术委员会"，上海"旅标委"的特色体现在两个方面：一是"三核"驱动，即市旅游局、市质监局和旅游高校共同推动，充分发挥政府相关职能部门和高校科研力量的各自优势，合力建设上海旅游标准化体系。二是在"旅标委"之下，设立三个旅游标准专业技术委员会，即会展奖励旅游专业委员会、邮轮专业委员会、自驾车（房车）旅游专业委员会。其中，会展奖励旅游专业委员会成立于2013年4月16日，委员由来自高校会展专业、专业媒体、著名公司、会议场所、会议服务机构的10余名专家组成。邮轮专业委员会设立于2013年，委员由来自政府主管部门、院校、国际邮轮企业、邮轮码头企业、旅行社企业等各个相关部门的技术专家共同组成。上海市旅游标准化技术委员会自驾车（房车）旅游专业委员会同样设立于2013年，由相关政府部门牵头，组织企业代表、专家代表组成。三个专业委员会是应上海市相关行业发展需要而生，也是上海建设世界著名旅游城市的必然要求。它们不仅丰富了旅标委的组织架构，更为其专业化程度增色不少。

实践过程中，成立旅游标准化技术委员会的省份往往都会注重发挥其专业技术，负责标准的研究、编制、政策、规划等事务，作用积极。

3. 注重区域协作

地区之间的合作与协调可使双方获益，可使旅游标准化领域的区域合作效用倍增，能够发挥 1+1>2 的效果。各地积极寻求条件，创造标准化区域合作的机会，有效促进了区域旅游标准一体化的建设。以 2006 年的长三角旅游标准化专题研讨会召开为标志，长三角旅游标准化工作现已形成较为制度化的区域协作机制，并取得一系列成果：2006 年，召开了首届苏浙沪三地旅游标准化工作专题研讨会，建立起了三地旅游标准化协作会议制度和联合工作制度；2007 年，联合出台了第一部长三角通用的地方标准《旅游景区（点）道路交通指引标志设置规范》；2009 年出台了《长三角英文译写规范》；2014 年，苏浙沪皖四省联合再次制定出台了长三角通用的地方标准《房车旅游服务区基本要求》；2016 年 9 月，在宁波召开长三角旅游标准化合作工作会议，总结长三角推广标准《房车旅游服务区基本要求》的实施情况及对下步工作提出了具体意见；研讨了将《浙江省果蔬采摘基地服务规范》上升为长三角推广标准的可行性、必要性及工作程序；讨论了进一步加强长三角旅游标准化合作工作举措。

长三角三省一市在旅游标准化工作上的区域协作，增进了不同地区的交流合作，提升了各自的业务水平，共同制定的标准通行，不只增加了自身影响力，还为合作区域旅游行业的发展、交融创造了便利条件，起到了良好的促进作用。长三角旅游标准化合作推进的正面效应早已开始显现，部分经验已拓展至全国，京津冀、珠三角等区域的旅游标准工作合作机制也在积极地酝酿之中。

三、问题与展望

1. 旅游标准化工作的保障存在不足

从全国范围来看，旅游标准化工作客观上存在着不均衡性，很重要的原因即在于工作的保障情况参差不齐。一是工作资金保障很多地方还不够稳定，一些地方此项工作的资金总数不高，且未被纳入财政预算，稳定性也显不足；二是人才储备不足，专家库建设有待完善；三是相关政策措施尚不够得力；四是组织机构尚不够完善，较为突出的表现是设立旅游标准化技术委员会的省份现今尚不到总数的二分之一。

2. 标准制定方面

各地旅游标准化体系完善程度水平差异较大，大多存在系统性不够的问题，还有完善空间。尽管标准化工作规划编订现在已经得到部分省份的重视，却只是少数，存在不少地方对此项工作的规划不够重视的情形，导致工作连续性和有计划性都还显得不足。此外，缺乏编制标准的专业机构组织与专业人才也是影响标准制定水准的重要因素。

3. 标准宣贯方面

首先，标准宣贯的重心在于国家标准、旅游行业标准以及较为热门的地方旅游标准。比如对 A 级景区等质量等级标准的宣贯都比较积极主动。而现在最大的问题是缺乏系统、有计划、有步骤的旅游标准宣贯工作，相关人力和资料都还不够完整；其次，贯标比较注重对创标单位的指导，缺乏对标准普适性的辅导，比如对游客的标准宣贯；最后，市场主体存在对标准的曲解，如旅游景区创建 A 级景区时，目的并不是借此提升自身的服务水平和管理水平，只是为了此项工作给自己带来的荣誉，存在为标准而标准的情况。

标准对于行业的重要意义已经深入人心，旅游标准化工作近年来得到各地普遍重视，已经走上了发展的快车道。随着各项保障措施的不断完善，旅游标准化工作必将取得更大的成绩。

B. 3
四川省旅游标准化试点实践

陈 蔚 何中兴

旅游标准化工作作为旅游业发展的技术支撑，为促进旅游业转型升级、提质增效发挥着十分重要的作用。自2010年以来，四川省认真贯彻落实《国务院关于加快发展旅游业的意见》文件精神，大力创建并积极实施旅游标准化工作，取得了显著成效。

一、建立机制、出台规划、有序推进旅游标准化工作

五年来，在省政府的主导下，在各职能部门共同努力下，在行业协会和旅游企业以及社会各方面积极参与下，四川省旅游标准化工作实现了“全面启动，有序推进，不断深化，全面覆盖，成效明显”的基本目标。

（一）建立机制

全国旅游标准化试点工作启动后，四川省成立了由黄彦蓉副省长为组长，陈保明副秘书长、省旅游局和省质监局局长为副组长，省委农工委、省发展改革委等20家相关单位负责人为成员的“四川省旅游标准化试点协调工作小组”。

［作者简介］陈蔚，浙江旅游职业学院，硕士，讲师，主要研究方向：生态旅游，会展与节庆管理。何中兴，四川省旅游局政策法规处调研员。

结合四川省旅游标准化工作实际，按照“管办分离、分工合作、提高效率、注重实效”原则，为整合资源、明确职责、细化分工，全面有序推进全省旅游标准化工作开展，在四川省旅游标准化试点协调工作小组下设“四川省旅游标准化技术委员会”和“四川省旅游标准评定委员会”，负责领导、组织、制定、实施、监督全省旅游标准化的制定和评定工作。各市州、县、区分别成立本级的旅游标准化试点协调组织机构，各试点企业也建立了旅游标准化专项工作部门，全省上下真正形成了“政府统一协调、各部门大力配合、旅游部门牵头主抓、社会各界多元参与”的旅游标准化组织推动机制。为确保旅游标准化工作扎实开展，2010 年省政府出台了《关于加快推进标准化工作的意见》，明确要求各级政府加大对技术标准研究，加快地方标准制定和修订，加强标准化试点示范推广，并将标准化工作经费纳入相关行业主管部门综合预算予以保障。

（二）出台规划

依据《全国旅游标准化发展规划》，在标准普查的基础上，组织编制了全省旅游标准化建设的纲领性文件——《四川省旅游标准化发展规划》，明确了 2011~2015 年四川省旅游标准化的工作目标、主要任务和保障措施，并结合四川省实际梳理完成《四川省旅游业标准体系》，对旅游业要素系统标准、旅游业支持系统标准、旅游业管理标准等进行了深化和创新。为巩固旅游标准化示范省工作成果，四川省制定了《四川省旅游标准化试点工作实施细则》，确立了“完善制度、强化支撑、突出重点、形成亮点、纵向协调、横向联合”的工作思路，并以此全面实施“四川省旅游标准化试点示范”工程，初步形成横向从政府到行业协会及旅游企业，纵向从省到市（州）、县（市、区）、乡镇的试点体系。

为加快旅游标准化建设步伐，充分发挥旅游标准化在旅游产业发展中的关键作用，加快创建旅游行业品牌，提升全省旅游业服务质量和综合竞争力，结合实情，制定了《全面推进旅游标准化行动计划（2012~2015 年）》。围绕“十二五”建设旅游经济强省的总体目标任务，在成功创建全国第一个旅游标准化示范省的基础上，从 2012~2015 年，通过四年时间，实施“四川省全面推进旅游标准化行动计划”，分阶段、有步骤逐步提升四川省最佳旅游城市和优秀旅游城市，推进旅游目的地品牌建设，推动旅游企业实施国家、行业、地方标准，旅游服务品质明显提高，培育一批旅游服务品牌企业。到2015年年底，全省各级逐步建立起有效推动旅游标准制定、贯彻、实施、评定、评价和监管等全过程的协同工作机制，全省旅游标准化建设工作取得显著成效。

（三）参与全国试点

2010年，以省级行政区域列入全国第一批旅游标准化试点。同时，确定成都、乐山、雅安、南充、广安、资阳、德阳、宜宾8个市（州）和21个（县、市、区）以及部分涉旅企（事）业单位作为试点支撑，同步参与试点。2012年，通过国家旅游局验收并授牌——“旅游标准化示范省”。九寨沟景区、峨眉山景区作为第一批国家级试点单位，直接参与国家级试点并通过验收。继第一批试点任务完成后，成都市、都江堰市和国色天乡景区3个单位，参加第二批全国试点，并于2015年6月通过总结验收。在国家旅游局开展的第三批试点工作中，四川省确定了广元市和黄龙景区、锦江宾馆3个单位参加试点，试点工作取得圆满成功，都被列入全国旅游标准化示范单位。

（四）开展全省示范

2011年，继旅游标准化试点省通过国家局总结验收，全省全面实施旅游标准化行动计划，分级分批开展旅游标准化示范创建活动。

首先，同步参与国家局全国试点第一批的成都、乐山、雅安、南充、广安、资阳、德阳、宜宾8个市（州）、21个试点县（区、市）、51个试点企业单位，以及各试点地区确定的400多个试点单位，由试点工作转为示范创建，要求在深化成果和创新拓展上下功夫、在创新机制和扩大覆盖面上走在全省前列。

其次，2012年3月，确定攀枝花、绵阳、遂宁、广元、自贡、阿坝、凉山7个市（州）、19个县（区、市）、96个旅游企业作为省级第二批旅游标准化示范创建单位开展创建工作，并于2013年年底完成总结验收。

最后，2013年3月，全省启动泸州、内江、达州、巴中、眉山、甘孜6个市（州）、14个县（区、市）、45个旅游企业参与的省级第三批旅游标准化示范创建，已于2014年6月完成总结验收。

在旅游标准化创建工作中，四川省突出转变标准化工作推进方式，积极探索标准化对乡村旅游的品质提升，选择眉山市东坡区龚村（丘陵村寨）、阿坝州汶川县萝卜寨（民族村寨）2个村寨，进行乡村旅游标准化实验区建设，取得阶段性成果。五年来，四川省参与国家级试点并通过验收单位为：四川省、成都市、广元市、都江堰市、峨眉山景区、九寨沟景区、国色天乡景区（黄龙景区、锦江宾馆正参与全国第三批试点）；省级示范创建单位：市（州）级21个，县（市、区）级56个，各类旅游企业单位196个。旅游标准化工作基本实现市（州）级全覆盖、县（市、区）级全覆盖、重点或主体旅游企业基本涵盖。

二、思路清晰、作风务实、旅游标准化工作成效显著

近年来，四川省以旅游标准化创建工作为抓手，切实加强组织领导，不断转变工作作风，努力构建和完善旅游标准化工作体系，出现了前所未有的可喜局面。

（一）组织体系日益完善

一是各级党委、政府高度重视。成立旅游标准化工作领导协调小组，政府主要领导挂帅，相关部门领导参与，全面领导协调推进工作；将旅游标准化纳入产业发展统一规划实施，出台扶持政策，划拨专项资金支持标准化工作；把标准化工作列入年度目标进行检查考核，强化推进工作的动力。二是政府各部门联动推进。按照旅游标准化行动计划实施方案，明确相关部门的任务分工、时限要求，构建政府部门全面参与的联动机制；相关部门在经费、项目上给予充分支持，形成部门紧密协同的良好态势。三是企业主动参与。政策牵引使企业主体作用有效释放，国色天乡景区、望江宾馆、锦江宾馆等企业，深切感受到标准化带给企业的实惠，企业领导和员工对标准化有充分认识，融入品牌发展战略实施，作为企业发展基础性、根本性工作来干；各地企业积极参与示范创建申报，希望通过实施标准化，使企业管理实现转型升级；各企业积极主动开展标准化培训，如广元剑门关景区、宜宾蜀南竹海景区、遂宁海洋国际旅行社等采取“走出去、请进来”方式开展培训；峨眉山景区、九寨沟景区、国色

天乡景区，以及全省高星级饭店探索建立长效机制，把标准化融入企业运营全过程。

（二）标准体系日益完善

建立完善标准体系是标准化工作的重要内容，各单位十分重视抓好标准体系的构建。一是转化相关规章。按照标准文本的格式要求、内容要素等，搞好各类管理规章的转化升级，使用专业机构提供的TCS标准模板对标准进行规范编写，使企业标准的质量水平普遍提升。二是梳理企业标准。按层级、属性、部门岗位等对标准进行梳理归类、编序分装，制作企业标准明细表，对标准进行精确管理。三是持续改进标准。坚持标准动态化管理，定期对企业标准进行改进，以适应市场变化和服务需求。四是引进借鉴标准。各旅行社、旅游汽车公司等类企业，积极引进借鉴成为有效的方法手段，使企业标准化工作快速推进。五是创建提升标准。自2010年开展试点以来，已创建修订省级旅游地方标准19部，正在制定并报审的12部，各市州级旅游地方标准100多部。省旅游局按照“有所遵循，分类指导”的原则编印了《四川省旅游标准化工作纲要》和系列《旅游标准化工作指南》，已经编印的旅游景区、星级饭店、旅行社等三类企业的旅游标准化工作指南，印发实施收到很好效果。六是构建体系结构。全省市（州）和90%的示范创建企业都建立了层次明晰、重点突出、系统协调、富于操作的标准体系。

（三）育人体系日益完善

各级把标准化人才培养作为标准化工作推进质量的关键性工作来抓。一是层层培训。认真讲解标准化工作的意义、内容、方法、目的和要求，编印标准化知识问答等相关资料，以多种形式全面普及标准化知识。初步统计，五年来仅各级职能部门组织的标准化培训超5000人/次。二是参观鉴学。省旅游局组织示范市（州）负责标准化工作的骨干到先进省市考察、在省内开展交叉检查等，实现了相互交流、活跃思路、拓展视野、共同提高。三是检查指导。组织专家组到示范单位检查指导，进行面对面的交流辅导，加强问题整改，增强各级领导和工作人员对标准化的认识理解和实施能力。四是经验交流。各级利用办班培训、各种会议安排经验交流，有效促进全省标准化水平的整体提升。通过多种形式培养壮大了标准化工作骨干队伍。

随着旅游标准化工作持续深化、覆盖面不断拓展，四川省旅游品牌形象提升明显，涌现了一大批具有引领作用的标杆单位。一是在政府层面。成都市、乐山市、广元市、绵阳市、巴中市以及广元剑阁县、成都崇州市、绵阳北川县、乐山市中区、凉山州盐源县等，标准化工作推进快、效果好，其主要特点：政府重视、形成机制、氛围浓厚、参与度高。二是在企业层面。参加国家级试点的峨眉山景区、九寨沟景区、国色天乡景区，参与省级示范创建的成都锦江宾馆、雅安西康大酒店、广汉三星堆景区、遂宁天遂文旅集团、乐山乌木博物苑、广安邓小平故里、德阳九洲旅行社、绵阳假日国际旅社等示范单位，示范引领作用明显，其中成都市、广元市和国色天乡景区、剑门关景区、天府阳光酒店、德阳九洲国际旅行社等成为省旅游局强力推荐参观学习的标杆单位。与此同时，市场效应也初步显现。四川被授予“全国旅游标准化示范省”以来，各兄弟省、市相继前来参观考察，学习交流，扩大了四川旅游标准化工作的影响力，也更加坚定各级政府和广大企业实施标准化的信心和决心。

三、存在的不足和问题

（一）旅游标准化重要性认识有待进一步提高

有的单位对标准化的认识不到位，重争牌轻实施，没有长效常态打算，特别是第一批参与试点的部分市州，标准化工作明显弱化；有的企业认为标准化是政府要求干的事，没有经费支持不愿意下功夫；有的认为标准化是抛开传统的管理制度另搞一套东西；有的简单把标准化理解成制作各种文本来替代过去的制度规章等。

（二）旅游业市场化程度不高使标准化效用难显

由于我国旅游产业发展还处于初级阶段，市场化程度低，消费理念不成熟，对企业价值的判断呈现多元化，有的看重服务质量、有的看重价格、有的看重档次等，因此，是否标准化对企业短期内影响不明显，特别是中小型企业，重眼前轻长远、重经济利益轻形象品质。

（三）标准化工作推进发展不平衡

一是地区间不平衡。有的地区党委政府高度重视，政策配套、全员参与、有序推进、形成氛围，达到了预期目的；但有的地区虎头蛇尾，恒心定力不够，工作力度弱，推进慢，效果不佳。二是条块间不平衡。从类别上看，景区类、饭店类以及部分旅行社比较好，特别是高星级饭店类企业，标准体系完善，标准实施到位，已经成为企业常态工作，而部分旅游汽车运输公司、旅游集散中心等其他类别企业相对较差。三是单位间不平衡。

四、持续深入推进旅游标准化工作

（一）进一步提高对标准化的认识

一是面向社会持续搞好宣传教育工作，进一步扩大社会认知度。二是把企业作为宣教的重点对象，做深入的帮教工作。三是加强对标准化标杆单位的宣传，使标杆单位的示范引领作用有效发挥，使企业的积极性、主体性有效激发。四是利用各种方式为示范企业搭建宣传平台，把工作宣传与企业宣传结合起来，多种手段调动企业实施标准化热情。

（二）转变标准化工作的理念和方式

重点做好三方面工作：一是转变培训方式。将省局主导面对市（州）的培训，转变为以市（州）主导的培训，解决培训涉面不足问题；将省局直接培训工作对象转变成为市（州）培训老师，解决市（州）师资力量不足的问题。二是转变工作理念。组织各市（州）分管领导及企业领导到全国旅游标准化工作示范地区和企业参观学习，原则上每年组织 1 批国内、1 批省内考察交流活动，以此转变工作理念，提高能力素质，促进工作创新。三是转变检查督导方法。采取暗访与明察相结合，以体验方式检查发现问题，通报问题；探索依靠社会力量参与，引进第三方评估模式评价工作成效，使“创”与“评”脱钩，做到成效真实、评估公证、操作单纯。

（三）搞好标准化的深化和拓展

按照标准化行动计划，到 2015 年，全省旅游景区、星级饭店、旅行社等旅游主体企业实施标准化率要达到 100%。为此，一是从实施区域上进行梳理，对未实施标准化的区域要尽快深入下去；二是从实施企业上进行梳理，对未实施标准化的企业要加大工作力度；三是从实施标准上进行梳理，对已颁布实施的标准要做到全面实施；四是把新拓展的产业项目纳入标准化，如自驾游、高原旅游、老年旅游、健康养生等，以标准化引领产业健康发展。

（四）完善和提升特色标准体系

跟踪企业需要，调动社会资源，拓展和丰富标准化成果，引领标准化工作有序推进。一是在已编制的旅游景区、星级饭店、旅行社标准化工作指南的基础上，拓展搞好旅游汽车公司、旅游集散中心等标准化工作系列指南的编制，使各类旅游企业都有“标”可依，使标准化工作分类指导落到实处。二是开展常用标识、特色菜品、旅游宣传用语等中英文对照规范研究，对“吃、住、行、游、购、娱”各要素及旅游全过程的中英文使用进行规范，实现从细节体现标准化。三是着眼引导、发展和保护特色旅游产品，积极创建地方标准，创建一批富有民族地方特色的旅游标准，丰富完善四川省旅游标准体系。

B.4

北京市旅游标准化工作综述

李 辉

近年来，北京市旅游产业规模不断扩大，产业结构逐步优化，产业地位大幅提升，产业融合和转型升级稳步推进。旅游标准化工作发挥着重要的、不可或缺的作用。北京市旅游发展委员会按照国家旅游标准化战略和北京市标准化战略部署，认真履行市委、市政府赋予的职责，积极适应旅游业发展“两大战略目标”的需求，大力推动各项标准化工作落实，为北京旅游产业科学发展奠定了良好基础，提供了重要支撑。

一、北京市旅游标准化工作的创新与突破

（一）北京旅游业标准制（修）订步伐加快，覆盖范围不断扩展

从“七五”时期我国第一个旅游业标准出台开始，北京旅游业在实施国家标准、行业标准的同时，积极参与制定国家标准、行业标准和北京市地方标准。截至2016年12月，我市共发布实施旅游业地方标准32项，参与制（修）订《旅游厕所质量等级的划分与评定》《旅行社服务网点服务质量规范》《绿道旅游服务规范》等多项国家标准和行业标准，这些标准基本涵盖了食、住、行、

［**作者简介**］李辉，北京市旅游发展委员会行业管理处调研员，主要研究方向是旅游标准化、旅游行业管理、旅游新业态发展等。

游、购、娱等旅游诸要素，涉及旅游基础类、旅游新业态、旅游公共服务等多个领域。

我市发布实施的10多项旅游标准属全国首创。2008年，为指导全市生态旅游发展，根据建设“人文北京、科技北京、绿色北京”的发展要求，我市率先制定并实施了《北京市生态休闲旅游区评定规范》。为引导乡村旅游由数量增长型向效益增长型转变，突出特色和差异化，我们制定了《乡村旅游特色业态标准及评定》系列标准，以及《北京市乡村民俗旅游村（户）等级划分与评定》标准。为促进产业融合发展，我们相继制定了《工业旅游区（点）服务质量要求及分类》和《旅游登山步道设置与服务规范》《自行车骑游服务规范》《科教旅游示范单位服务质量与评定》《“北京人家”服务标准与评定》《“北京礼物”旅游商品店设施与服务规范》等标准。

（二）旅游标准化工作机制逐步完善，形成合作推动新格局

随着标准日益成为经济和社会活动以及政府质量管理的技术依据，北京市旅游标准化工作越来越受到重视。现在初步形成政府推动、市场引导、企业主体、产学研结合和各相关方共同参与的工作机制。

一是强化统筹谋划。2010年，北京市组织制定《北京旅游业“十二五”标准化发展规划》。《北京旅游业“十三五”标准化发展规划》和《北京市旅游标准体系（2016～2020）》现正在编制之中。这些规划，真正做到从顶层谋划、全面系统推进全市旅游标准化建设。

二是加强部门合作。一方面，北京旅游发展委员会作为首都标准化联席会议的成员，参与研究解决共性问题，促进我市服务标准化的发展。另一方面，北京旅游发展委员会积极与市质量技术监督局等相关部门合作，密切协作，共同推进旅游标准化工作。与市质量技术监督局联合出台了《关于加快推进旅游标准化工作的意见》《北京市旅游标准化试点管理办法》等多个指导性文件。

三是联合推动试点示范。为贯彻落实国家旅游局《关于全面推进旅游标准化试点工作的通知》要求，北京旅游发展委员会联合市质量技术监督局，成立了旅游标准化试点工作领导小组，召开了全市旅游标准化大会，统筹推动旅游标准化试点工作。编辑下发了《旅游企业标准化建设指南》《北京市旅游标准化

实践与探索》《北京市旅游地方标准汇编》《旅游景区行业标准汇编》《北京市旅游标准化试点工作图册》等书籍资料，指导旅游标准化试点单位开展工作。目前，北京市旅游标准化试点示范单位 86 个（包括 17 个国家级，69 个市级）。全国旅游服务质量标杆企业 3 个。

（三）旅游标准实施成效显著，旅游要素发展的产业化水平提高

随着旅游标准化工作的不断推进，标准实施的成效日益显现，并对我市服务标准化工作产生了积极影响。

1. 住宿业。目前，住宿业国家标准、行业标准和地方标准覆盖面包括旅游星级饭店、主题型酒店、度假饭店、北京人家、经济型酒店、温泉酒店、乡村酒店等旅游住宿企业。

截至 2015 年年底，北京市共有星级饭店 527 家，其中五星级 64 家，四星级 126 家，三星级 193 家，二星级 135 家，一星级 9 家。

2. 旅游景区。《旅游景区质量等级的划分与评定》国家标准、《旅游景区质量服务》《旅游登山健身步道设置与服务规范》等地方标准实施以来，旅游景区标准逐步成为景区规划、建设、经营、服务和管理以及旅游者衡量景区旅游产品质量的重要标尺与旅游部门对旅游景区实施行业管理的基础。目前，我市旅游景区在文化内涵挖掘、配套设施完善、服务质量提升和景区数字化建设方面都取得了新进展。标准化对于推动旅游景区的转型升级和精品化建设，提高景区服务水平和核心竞争力起到了重要作用。

截至 2015 年 11 月底，共有 A 级旅游景区 235 个，其中 5A 级 8 个，4A 级 73 个，3A 级 103 个，2A 级 45 个，1A 级 6 个。旅游咨询中心（站）347 家。

3. 旅行社。2007 年，北京市在国内率先制定并实施了《旅行社等级划分与评定》，从而掀起了全国性的旅行社等级评定热潮。

截至 2015 年 11 月底，共有旅行社 1847 家。其中，有特许经营中国公民出境业务的旅行社 590 家。5A 社 25 家，4A 社 32 家，3A 社 31 家；外资旅行社 31 家，赴台社 29 家，旅行社分社 472 家；服务网点 2047 家；全市有导游证（IC 卡）的人员 39083 人，其中：中文导游 26726 人、英语导游 8263 人；特级导游 2 人、高级导游 237 人、中级导游 2172 人、初级导游 36672 人。出境领队

19956人。

4. 京郊旅游。通过《乡村民俗旅游村（户）等级划分与评定》《乡村旅游特色业态标准及评定》系列标准的实施，北京市乡村旅游经历了“自发产生”“数量扩张”“规范发展”三个阶段，向第四个阶段“品质提升”转型。

截至2015年11月底，京郊旅游特色业态615家、四星和五星级民俗村20个；五星级民俗户22家。

5. 产业融合发展。截至2015年11月底，推出了中医养生旅游线路11条；“北京礼物”旅游商品店41家；科教旅游示范单位14家。

（四）标准化引领国际一流旅游城市创建，带动效应充分显现

一是以标准化服务规范2008年北京奥运会接待工作，提升北京旅游的国际知名度。2008年，我们制定了《北京奥运村住宿服务》《北京奥运村服务英语》《奥运人家标准与评定》等北京奥运会服务的系列标准，为做好奥运会住宿接待服务工作奠定了坚实的基础。为了履行“绿色奥运”的承诺，我市还积极贯彻落实《绿色旅游饭店》行业标准，展示了首都旅游饭店业绿色旅游的崭新形象。

二是加强国际合作，提升北京旅游的国际影响力。1999年，北京市旅游局参与制定了《旅游厕所质量等级的划分与评定》国家标准，使北京在旅游厕所方面的建设和管理经验通过该标准推广到了全国。2001年，我市在新加坡举行的第一届世界厕所峰会上介绍了旅游景区厕所建设和管理的经验，受到了与会代表的高度评价。近年来，北京市旅游委、旅游企业代表多次在全国旅游标准化工作会、全国红色旅游工作会、北京市质量发展大会、北京市标准化工作会等多个场合上作标准化建设先进典型发言。通过参与国内外标准化组织活动，加强了交流与合作，提升了北京旅游标准化工作的影响力。

三是以标准化助推旅游区域合作，发挥北京旅游业的行业引领作用。北京旅游业积极将旅游标准化作为“环渤海地区”“京津冀”协同发展，以及与国内热点城市旅游合作的重要工作。2015年5月，北京市旅游委组织召开了“京津冀”旅游标准化工作协调会，研究统筹区域旅游合作的相关服务标准制定和推行工作。

二、全面推进旅游标准化工作的基本思路

“十三五”期间，北京市将全面推进北京市旅游标准化工作。

（一）旅游标准化工作的总体目标

在认真贯彻执行已有国家标准、行业标准和地方标准的基础上，结合北京国际化城市发展和旅游业的特点，加速旅游标准项目的研究和制定，统筹协调旅游相关产业，推进国际化旅游目的地型城市建设，为加快世界旅游城市建设提供重要支撑。

“十三五”期间，北京初步建立既体现北京特色、又满足现代旅游服务业发展需要的旅游标准体系，并在全市旅游领域全面推广实施。

通过全面开展标准化工作，推动旅游业向集约型、品牌化、效益型方向发展，提升旅游企业在管理、信誉、品牌、服务、理念等方面的“软实力”，为做大、做强首都旅游业发挥应有的独特作用。

（二）旅游标准化工作的重点领域

围绕旅游业发展急需，优先发展重点领域的标准：

一是旅游服务质量领域的标准。抓紧制（修）定并实施旅游业发展急需的旅行社服务质量、旅游住宿业服务质量、京郊旅游服务质量、旅游服务资质、旅游环境及设施质量等标准。

二是旅游新产品新业态领域的标准。研制有利于促进旅游产业转型升级，有利于促进旅游与相关产业融合发展的标准，完善旅游目的地、休闲度假、旅游服务的新方式、新流程等方面的标准。

三是旅游公共服务领域的标准。重点研制和实施旅游安全、旅游交通服务、旅游信息服务等标准。

四是旅游生态环境保护领域的标准。围绕建设资源节约型社会和环境友好型社会的战略方针，加快制定并推广绿色节能型饭店、景区和生态旅游区等

标准。

五是旅游科技创新推广领域的标准。重点研制科技旅游、旅游信息技术、旅游装备技术、旅游节能环保技术等标准。

（三）旅游标准化工作的主要任务

以围绕旅游业发展为主题，以完善旅游标准化体系，强化旅游标准实效为主线，北京市旅游标准化工作应突出完成以下主要任务：

一是加大现行旅游标准实施力度。组织开展新的旅游标准宣传培训。结合国家旅游局、北京市一系列旅游新标准的颁布实施，组织全市旅游管理部门和旅游企业开展新标准的宣贯培训工作，打牢实施旅游标准坚实基础。重点加强对旅游企业领导层的培训。组织旅行社、星级饭店、旅游景区（点）等旅游企业严格实施旅游标准，规范服务行为，提高服务质量。市旅游委依据新的旅游标准，加强对全市旅行社、旅游星级饭店、A 级旅游景区、京郊旅游等业态进行监督管理。

二是加强旅游标准制（修）定工作。根据《北京市旅游业“十三五”发展规划》总体要求和北京市旅游产业发展实际，加快北京市旅游地方标准制（修）定工作。

三是开展旅游标准化试点工作。大力推动旅游标准化示范工程，加强标准的宣贯推广，提高标准的实施效益，真正实现标准对旅游业的支撑作用。加强旅游品牌的培育，发挥旅游标准化试点县和旅游标准化试点企业的示范作用，带动全市旅游标准化工作的全面深入开展。

四是不断完善旅游业标准体系。“十三五”期间，北京要不断完善旅游业标准体系，形成框架完整、结构合理、覆盖全面，地方标准、企业标准定位准确，旅游业基础标准、旅游业要素系统标准、旅游业支持系统标准和旅游业工作标准四大领域标准衔接配套，基本满足旅游业发展需要的标准体系。

三、推进旅游标准化建设的重点工作

全面推进北京市旅游标准工作，北京市将重点加强以下“三方面工作”：

（一）全面落实各项保障措施

一是组织保障。各级要提高对旅游标准化工作的认识，完善旅游标准化工作机构、组织体系和运行机制。加强标准化技术组织的建设。市旅游委将积极推动成立北京市旅游标准化技术委员会，并建立旅游标准化工作专家库。

二是制度保障。根据我国新修订的《标准化法》，市旅游委、各区旅游委要加强与相关部门、相关行业的协作，加紧完善旅游标准化配套的规章制度。

三是政策保障。市旅游委、各区旅游委要积极制定出台支持旅游企事业单位开展标准化建设的相关政策和措施，加大旅游标准化的投入力度，建立多元化的旅游标准经费投入机制，加大旅游企业参与标准化工作的力度。

四是科研保障。建立一批旅游标准化研究的基地，扩大旅游标准化研究平台，丰富旅游标准化研究领域。旅游企业要坚持研发标准与科研相结合，加强对旅游标准的适用性跟踪研究，加大科研成果的转化和应用。

五是人才保障。建立旅游标准化人才培养选拔制度，建立旅游标准化专家库。充分利用旅游院校、科研院所等人才培养基地，加强旅游标准化专业培训。

（二）积极创新旅游标准化运行机制

旅游标准的实施是旅游标准化工作的关键。我们要根据旅游业形势发展的需要和当前政府转变职能的要求，不断创新旅游标准化运行机制，转变旅游标准实施方式，提高旅游标准实施的有效性。要进一步明确政府、社会组织和企业在旅游标准化工作中的作用和分工，按照“政府部门指导、行业协会运作、企业共同参与”的基本原则，加强组织协调，形成相互配合、共同推进的工作机制，有序推进旅游标准化实施方式的转变。充分发挥各级政府的宏观指导和政策导向作用，充分发挥协会组织和中介机构的纽带作用，充分发挥市场配置资源的基础性作用，调动旅游企业主体积极性与创造性，合力推进旅游标准化建设。

（三）全面提升旅游服务水平和旅游产品质量

旅游标准化建设的出发点和落脚点是提高旅游服务水平和旅游产品质量，

提升产业发展的核心竞争力。为此，我们必须抓住关键，推进旅游标准化建设。

一是扩大标准化覆盖范围，提升旅游产业链整体服务水平。融合文化、交通、商务、公安、卫生等行业，形成“大旅游”标准的框架，从整体上提高北京窗口行业的服务水平。

二是发挥标准化在精细管理过程中的作用，提升旅游产品体系的整体质量。根据旅游产业发展需求，完善和强化旅游产业管理标准。突出北京特色和文化内涵，丰富和开发旅游产品。

三是加大标准化监管力度，优化旅游市场秩序和环境。进一步完善旅游管理部门的监管力度，积极建设企业标准化监管网络，依法严格整治旅游市场的违法违规行为，确保北京旅游市场健康发展。

B.5
上海旅游标准化发展报告

汪剑明　林章林

近年来，随着我国旅游业的快速发展，旅游者对旅游服务、旅游设施、旅游产品质量都提出了更高要求，这也是中国提升国际旅游知名度、逐渐缩小与世界旅游业发达国家差距的必然要求。而旅游标准化作为促进旅游业发展的重要支撑，成为衡量旅游相关行业、企业服务质量是否达标的重要标尺，在旅游业发展过程中发挥着越来越大的作用。

一、旅游标准化发展回顾

我国旅游标准化工作从1987年开始起步，最先制定出台了《旅游涉外饭店星级标准划分与评定》，1995年率先在国际上成立了第一个国家级旅游标准化专业机构——全国旅游标准化技术委员会，于1999年起草制定了《全国旅游标准化技术委员会章程》《全国旅游标准化技术委员会秘书处工作细则》，之后逐渐进入迅速发展阶段，并于2009年印发《全国旅游标准化发展规划（2009~2015）》，制定了新的《全国旅游业标准体系表》，为全国旅游标准化工作有效、顺利的开展提供了良好的政策法规依据。2010年，国家旅游局印发《关于全面

［作者简介］林章林，上海市旅游局政策法规处，上海市旅游标准化技术委员会秘书长，博士，标准化工程师，主要研究方向：旅游标准化、旅游管理、区域旅游规划。汪剑明，上海市旅游局政策法规处处长，上海市旅游标准化技术委员会副主任委员。

推进旅游标准化试点工作的通知》，部署开展创建旅游标准化示范省、示范城市、示范区、示范县和示范单位的试点工作。经省级旅游行政管理部门推荐，国家旅游局确定了全国首批旅游标准化试点的11个地区和67家企事业单位，明确提出试点承担推行旅游业国家标准和行业标准、创新旅游标准化运行机制、培育品牌企业、形成旅游标准化体系等重点任务。并且开通了“全面推进旅游标准化试点工作信息交流平台”，加强旅游标准化有关政策、文件及标准的宣传，促进试点工作信息的交流。

上海作为全国市场化程度较高的地区，旅游行业的管理相对较为公开、公平和公正，管理效率也一直较为规范、先进，旅游标准化水平在国内也处于较为领先地位。上海于1989年开始执行国家标准《旅游饭店星级的划分与评定》，旅游标准化工作开始起步；除了积极贯彻各项国家标准和行业标准，上海努力开展地方标准的调研和制定工作，从2003年上海颁布首个地方标准《农家乐旅游服务质量等级划分》开始，上海旅游标准化建设工作全面发展，截至2016年年底，上海共制定旅游地方标准22项，其中《游览船服务质量要求》《工业旅游景点服务质量要求》上升为国家标准，《旅游特色街区服务质量要求》也受到国家旅游局的重视，在全国都具有率先和示范意义。《上海都市旅游标准化体系》的出台，使上海形成有制度、有目标、有部署的旅游标准化立体推进系统。国家旅游标准化示范试点创建工作扎实推进，2009年，佘山度假区被列为全国首批全国服务业标准化试点单位，2010年徐汇区、锦江集团、春秋国旅等首批全国旅游标准化示范试点创建评估工作完成，2012年确定了宝山区、携程旅行网、上海野生动物园等3家单位作为第二批全国旅游标准化示范试点单位。同时在长三角区域旅游合作的基础上，在加快长三角地区旅游标准一体化发展方面，取得了显著成效。

（一）初始萌芽阶段（1989~2003年）

改革开放初期，我国旅游业发展迅猛，但也存在众多问题，服务质量和整体管理水平低下，与国际旅游差距较大，为了提高服务质量和管理水平、加快旅游业的发展，1987年国家旅游局在借鉴国际经验和总结探索的基础上，创造性地制定出我国旅游服务行业中第一个国家标准——《旅游饭店星级的划分与评定》标准，开创了在旅游服务领域实施标准化管理的先例，该标准的实施标志着中国旅游标准化建设的开始。1995 年，经国务院标准化主管部门批复，国家旅游局成立了旅游标准化专业机构——全国旅游标准化技术委员会，负责旅游业的标准化技术归口工作、旅游标准化各个方面的研究工作以及标准编制的组织工作，此后我国的旅游标准化工作走上轨道，一些旅游行业发展需要的标准相继颁布实施。

在这个阶段，上海的旅游业发展非常迅速，对上海经济的发展起了巨大的推动作用，1989 年上海对旅游饭店进行星级评定，旅游标准化工作开始起步。然而由于缺少旅游发展的实践经验和理论研究指导，这个时期上海的旅游标准化工作没有深入开展，主要为执行国家推出的国家标准和行业标准，以及对上海个别领域发展所需标准进行调研，标准化工作没有全面开展，覆盖面较低。

1989 年至 2003 年上海旅游标准化的工作的主要为：推进国家标准《旅游饭店的星级划分与评定》《旅游区（点）质量等级的划分与评定》《内河旅游船星级的划分与评定》《导游服务质量》《旅游服务基础术语》及《游乐园（场）安全和服务质量》等标准的贯彻实施，保证上海旅游规范化发展；依照国家标准对旅游饭店和旅游区进行星级评定，1995 年上海市旅游事业管理局根据国家标准对所有星级饭店进行了全面复核，至 1995 年年底，上海共有旅游涉外星级饭店 114 家，截至 2003 年上海星级饭店总数达到 338 家，4A 级旅游景区 13 家，3A 级旅游景区 1 家；对上海发展农家乐所需要的行业标准进行调研立项。

（二）尝试探索阶段（2003~2006 年）

21 世纪以来上海经济和社会保持着健康快速的发展势头，产业结构进一步优化升级，科技创新能力进一步增强，城市竞争力不断提高，辐射和带动作用进一步发挥；同时上海致力于建设国际化大都市，发展国际观光和会展中心，开发都市旅游以及携手长三角地区发展区域旅游一体化等都对上海旅游标准化的发展提出了要求，加快推进旅游标准化建设已经成为这个阶段的紧迫任务。

2003~2007 年是上海旅游标准化发展的实践探索阶段。这个时期上海旅游标准化工作主要集中在加快标准的调研和制定，规范标准的运作机制，携手长三角地区构建区域旅游标准一体化。具体表现在成立标准化组织，规范旅游标准化的管理体制和运行机制；在贯彻国家标准和行业标准的基础上对上海旅游发展需要的行业标准积极调研制定；明确上海旅游标准化假设的任务和目标，构建《上海旅游标准化体系》，为上海旅游业的发展提供依据；加快区域旅游合作，启动长三角旅游标准一体化工作。这个阶段工作的主要不足为旅游标准化的工作局限在标准的制定实施方面，缺少旅游标准理论研究，对旅游标准的宏观指导较少，没有对比、借鉴和发展国家在标准化发展方面的经验，对旅游标准化人才的培养欠缺。2003 年，经上海市质量技术监督局批准，上海市服务标准化技术委员会成立，这是全国成立的第一个省（市）级服务标准化技术委员会，标志着上海旅游标准建设发展的开始。同年，上海第一个旅游地方标准《农家乐旅游服务质量等级划分》发布。

2003~2006 年上海旅游标准化工作的主要成果为：《农家乐旅游服务质量等级划分》（DB31/T 299—2003）、《游览船服务质量要求》（DB31/T 367—2006）颁布实施；《工业旅游景区（点）服务质量要求》《主要旅游景区（点）道路交通指引标志设置标准》《旅游特色街（区）服务质量要求》《旅游信息数据交换规范》《旅行社服务质量要求》《旅游集散中心服务质量要求》进行调研；江、浙、沪旅游标准例会制度形成，旅游标准一体化工作有效开展；2004 年至 2005 年制定了《上海旅游标准化体系》，形成上海旅游标准化体系框架；2005 年设立了《上海旅馆业的现状及管理对策研究》的专项课题进行研究，同时制定《上海市旅游委 2005~2009 年标准化工作计划》；依据国家标准对旅游饭店、旅游景区（点）、工农业旅游点进行复核和评定，截至 2006 年上海共评出星级饭店 351 家，2 家 5A 级旅游景区，15 家 4A 级旅游景区，1 家 3A 级旅游景区，19 处工农业旅游示范点。

（三）总结深化阶段（2007~2008 年）

随着经济全球化的不断深入，标准化已成为各国促进产业发展、推动对外贸易及规范市场秩序的重要措施，旅游标准化作为旅游发展的重要技术基础，已成为提升旅游行业的国际竞争力，推动旅游产业结构的优化升级，提高旅游管理和服务水平，建设优秀旅游城市的重要手段。2003 年以来，上海旅游标准化工作取得了较好的成效，标准化法制环境、工作体制、运行机制基本形成，旅游标准化在促进经济和社会发展中的作用日益显现。但是，上海旅游标准化工作仍存在着诸多不适应市场经济发展和标准化工作规律的薄弱环节，与此同时上海确定未来发展思路，以增强城市国际竞争力为发展主线，到2020年基本建成国际金融和航运中心，建设社会主义现代化国际大都市，加快实现“四个率先”、加快建设“四个中心”对旅游标准化工作提出了新的、更高的要求，加快推进上海旅游标准化发展步伐已成为十分紧迫的任务。

2007年2月，上海市旅游局编辑出版了《旅游标准化前沿》的第1期《旅游业呼唤标准化》，这本内参的发行，标志着上海旅游标准建设进入了理论研究阶段，实现了从单纯的实践探索到理论研究、实践探索与理论研究相结合的转变。这个阶段上海地方标准的制定和实施进入高潮；同时为了加快对旅游标准化的理论研究，成立了旅游标准化研究室，构建了上海旅游标准化的研究平台；加快了长三角区域旅游发展，长三角旅游标准一体化的合作实现新的突破。

2007~2008年期间，上海旅游标准化的主要成果为：《工业旅游景区（点）服务质量要求》（DB31/T 392—2007）、《旅馆服务质量要求》（DB31/T 378—2007）、《旅游景区（点）道路交通指引标志设置规范》（DB31/T 393—2007）、《旅游特色街（区）服务质量要求》（DB31/T 412—2008）颁布实施；《旅游信息数据交换规范》、《旅行社服务质量要求》、《旅游集散中心服务质量要求》、《旅游咨询服务中心服务质量要求》；《旅游接待单位服务质量要求》的调研工作开展，并且已经立项；2007年11月成立上海旅游标准化研究室，策划、撰稿及出版《旅游标准化研究前沿》内参十九期，举办三次“旅游百家谈”旅游论坛，主持市旅委标准化课题《上海旅行社服务标准要求》《上海旅游咨询中心服务质量要求》等；2008年12月，顺利召开首届上海旅游标准化工作年会，就“上海旅游集散服务中心服务要求、我国旅行社行业与国际旅游标准化建设接轨、上海旅游接待单位、如何贯彻游船标准、国内外旅游标准化建设的对比”等五方面进行探讨交流；为进一步凝聚社会力量，深化标准化建设的理论和实践工作，成立上海旅游标准专家委员会。

（四）实践拓展阶段（2009年至今）

以2010年上海举办世博会为契机，借鉴北京举办奥运会期间推出“奥运人家”、出台《北京人家接待服务标准》的经验，出台《世博人家服务质量要求》等地方标准，上海在旅游标准化方面取得了重要进展，标志着上海旅游标准化的工作进入了实践深化期。

2009年至今，取得的主要成果有：《上海旅游信息数据交换规范》《旅行社服务质量要求》《旅游集散中心服务质量要求》《旅游咨询服务中心服务质量要求》《世博人家服务质量要求》《老年旅游服务规范　第1部分：旅行社》《会议经营与服务规范　第1部分：会议服务机构》《体育旅游休闲基地服务质量要求及等级划分》《房车旅游服务区基本要求》和《国家A级景区休闲服务设施规划导则标准》等地方标准，这些标准的实施与推广，使上海旅游标准化进程发展到一个高峰，促进了旅游业的健康发展和行业服务水准的提升。

2011年10月14日，即第42届“世界标准日”当天，围绕“国际标准树立全球信心”的主题，“‘世界著名旅游城市与标准化建设’主题活动暨上海市旅游标准化技术委员会成立大会”在华亭宾馆举行，标志着上海旅游标准化工作开启了新的阶段。

2011年，上海市旅游局在《全国旅游业标准体系表》的基础之上，发布了依据上海旅游资源而制定的《上海都市旅游标准体系》，成为指导上海旅游业进一步有序发展的重要指导性文件，推进了都市旅游标准化建设的进程。

同时，上海不断加强和深化旅游标准化试点工作，2009年佘山度假区被列为全国首批全国服务业标准化试点单位，并于2012年顺利通过验收；2010年，上海徐汇区、锦江集团、春秋国旅成为首批全国旅游标准化试点单位；2012年又确定了宝山区、携程旅行网、上海野生动物园3家单位作为第二批全国旅游标准化示范试点单位。2011年徐汇区成为全国首批旅游标准化示范单位，制定《徐汇区“十二五”期间实施旅游标准化奖励资金的办法》，并于2013年选取近40家旅游企业参与徐汇区第三批旅游标准化企业创建工作。这些试点单位旅游标准化工作的开展，不仅促进了上海旅游业的市场运作和管理的规范化，也为上海其他行业的发展树立了榜样。

2014年编制出版上海都市旅游系列丛书之《都市旅游标准化理论与实践》，在理论上对上海都市旅游标准化工作进行了总结和提升，在全国扩大了都市旅游标准化工作的影响。

表 2-1　上海旅游标准化发展进程大事件

阶段	年份	事件	意义
实践探索阶段	2003	服务标准化技术委员会成立	标志着上海旅游标准化建设工作机制取得初步进展
		《农家乐旅游服务质量等级划分》颁布	上海旅游地方标准零的突破
		苏、浙、沪旅游标准化例会制度形成	苏浙沪旅游标准一体化工作正式启动
		上海旅游标准化近、中、远期目标确定	标志着旅游标准化体系框架的进一步完善
	2004 至 2005	完成《上海旅游标准化体系》	明确工作思路，为上海旅游标准制定工作的有序推进提供依据，并指明方向，同时填补了上海地方标准体系的空白
	2006	《上海市旅游委 2005 ~ 2009 年标准化工作计划》制定	明确上海旅游标准化建设工作的地位、任务和目标
		《游览船服务质量要求》颁布实施	上海市的第二个地方标准，成为政府监督、企业自律、游客监督的有效工具
理论研究阶段	2007	《旅游景区（点）道路交通指引标志设置规范》通过审定	在长三角区域旅游合作中实现突破，开创了在地方标准制定中三地分别立项、共同制定、统一发布、各自实施的合作模式，具有里程碑的意义
		《旅游标准化前沿》出版	标志着上海旅游标准建设进入理论研究阶段
		上海市旅游标准化研究室成立	构建了上海旅游标准化的研究平台，标志着上海旅游标准化的发展进入了一个快速发展的新阶段，是上海旅游标准化发展的转折点
	2008	首届上海旅游标准化年会召开	聘请了 18 位专家作为上海旅游标准化研究室的特聘专家，为上海旅游标准化建设人才培养与储备奠定基础，上海旅游标准专家委员会就此成立
实践深化阶段	2009	第二届上海旅游标准化年会召开发布《世博人家服务质量要求》	进一步完善上海旅游标准化体系，创建旅游服务标准化示范点，全面开展已有旅游国家标准、行业标准、地方标准的执行和实施，并重点开展世博旅游优质服务计划，为世博游客服务，为世博服务
		佘山度假区被列为首批全国服务业标准化试点单位	成为全国十二个国家级旅游度假区的首例，并且也成为上海旅游行业的第一家
	2010	第三届上海旅游标准化年会	借助上海世博会契机，要建设辐射长三角的旅游标准化高端示范区
		上海徐汇区、锦江集团、春秋国旅成为首批全国旅游标准化试点单位	为今后上海旅游标准化工作的开展树立了典型范例
	2011	上海市旅游标准化技术委员会成立	为上海进一步开展旅游标准化学术交流、信息传播、人才培训、技术咨询以及专业宣传等工作构建了良好的平台，形成了旅游标准化长效机制

续表

阶段	年份	事件	意义
实践深化阶段	2012	宝山区、携程旅行网、上海野生动物园成为第二批全国旅游标准化示范试点单位	增加了上海都市旅游标准化试点数量，丰富了上海都市旅游的内涵，扩大了旅游标准化的宣传与影响
		上海市旅游标准化技术委员会会议奖励旅游专业委员会成立	上海旅游标准化专业性进一步增强，细分市场进一步扩大
	2013	上海市旅游标准化技术委员会自驾车（房车）旅游专业委员会成立 上海市旅游标准化技术委员会邮轮旅游专业委员会成立	上海旅游标准化专业性进一步增强，细分市场进一步扩大
	2014	中华艺术宫、上海国旅国际旅行社有限公司成为第三批全国旅游标准化示范试点单位	增加了上海都市旅游标准化试点数量，丰富了上海都市旅游的内涵，扩大了旅游标准化的宣传与影响
		上海都市旅游系列丛书之《都市旅游标准化理论与实践》出版	在理论上对上海都市旅游标准化工作进行了总结和提升，在全国扩大了都市旅游标准化工作的影响

二、旅游标准化建设特色

标准化建设是上海旅游产业提速发展、做大做强的技术支撑和重要保证。全国旅游标准化示范试点工作为上海的旅游标准化建设提供了新的契机，上海正努力实施旅游标准化战略，积极探索具有都市特色的旅游标准发展模式与路径，进而全力建设世界著名旅游城市。

（一）时代性

从 2003 年开始至今，经过 10 年的发展，上海旅游地方标准的数量已经占到上海服务标准的 1/3 强，时代的呼唤，行业的发展，新业态的涌现，城市产业转型升级的需要，都要求旅游标准化工作的不断跟进与完善。

上海通过实施旅游标准化战略，不断探索标准化建设新领域。从 2003 年上海颁布首个地方标准《农家乐旅游服务质量等级划分》开始，上海旅游标准化建设工作全面发展。截至 2016 年年底，共制定旅游地方标准 21 项（不包括已废止标准）。在上海旅游标准化建设过程中，坚持标准内容源于市场、服务市场的原则，每一个标准的制定都以科学扎实的调查研究为基础，力求标准制定有据可依，提高标准化建设可操作性与效用，使标准真正起到规范和引导市场的作用。作为现代服务业的重要组成部分，旅游标准化工作对标准化建设向更新、更广领域发展起到了非常重要的拓展作用。上海已经出台的20项旅游地方标准，都本着保障旅游行业健康发展、旅游企业顺利经营、游客权益正当维护的原则，基本涵盖了旅游产品、旅游设施、旅游业态三个方面。每个标准的制定实施都依托于上海旅游的发展实际，既有共性要件，又有自己的特点和重点，基本都从旅游服务的硬件、服务的软件、服务的流程等角度，对旅游的设施、服务、人员、管理、安全、卫生等方面进行了规范。

《旅游景区（点）道路交通指引标志设置规范》是最为典型的代表，该标准适应了旅游发展的新趋势，满足了日益增长的自驾车游客旅游交通需求，不仅为自驾车旅游者、旅游车辆驾驶员提供清晰的导向，使长江三角洲地区的广大市民和中外旅游者出游更加方便，而且也为共同培育长江三角洲地区体现健康、休闲、个性的自驾车旅游市场奠定基础。同时，《老年旅游服务规范　第1部分：旅行社》和《会议经营与服务规范　第1部分：会议服务机构》的正式发布，也是对旅游关注民生，建设人民群众更加满意的现代服务业的生动体现。

此外其他旅游地方标准也都基于上海都市旅游发展的实际和上海市旅游局的工作需要开展制定，都具有很强的针对性。随着房车旅游、邮轮旅游、游艇旅游等诸多新兴业态的发展成熟，标准化在引领产业、规范产品、提升服务等方面都在进一步发挥重要作用。

（二）实践性

旅游标准化是旅游业发展的重要技术支持，是规范旅游市场秩序和行业监督管理、提高旅游产品质量和服务水平、推动旅游产业转型升级、提升旅游产业素质和国际竞争力的重要手段，更是把上海建设成为世界著名旅游城市的必然要求。因此，把旅游标准化理论应用到相应的实践中去就显得尤为重要，现在上海旅游标准化建设正是走了理论联系实际、理论应用于实际的道路。重视旅游标准化基础理论研究，为上海都市旅游标准化建设的有效性、先进性提供了坚实的理论支撑与保障。

2006年，制定了《上海市旅游标准化工作计划（2005~2009）》，并且组织了苏浙沪旅游标准化工作专题研讨会。2007年2月，上海市旅游局编辑出版了《旅游标准化前沿》，实现了从单纯的实践到理论研究、实践探索与理论研究相结合的转变。先后成立了上海市服务标准化技术委员会、上海市旅游标准化研究室、上海市旅游标准化技术委员会等旅游标准化组织，并建立旅游标准化专家委员会，不断加强旅游标准化理论研究和人才队伍建设。

为充分发挥标准化工作在提高旅游业产品质量和服务水平中的作用，促进旅游业发展方式的转变和发展质量的提升，国家旅游局近年来积极推进旅游标准化试点工作。上海市旅游局、上海市质量技术监督局依据地方标准先后在全市范围内开展了各级各类旅游标准化示范试点建设，取得了较大成效。

为贯彻落实国家旅游局关于推进旅游标准化建设的要求，积极引导和鼓励上海市相关单位积极开展旅游标准化示范试点工作，提升服务质量与综合竞争力，在各单位自愿申报的基础上，经有关区县旅游局、质监局初审推荐，上海市旅游局和上海市质量技术监督局在2012年5月进行审核，决定将20家单位列为创建2012~2013年度市级旅游标准化示范试点项目。2013年年底，经过上海市旅游局、上海市质量技术监督局联合组织评估验收，确定上海国旅国际旅行社有限公司等18家企业为上海市旅游标准化示范单位。

2014年，有15家单位成为2014~2015年度上海市级旅游标准化示范试点单位，并于2016年4月创建完成。

上海旅游标准化建设工作从试点单位的工作中，不断总结经验，并结合上海旅游业不同区域、不同业态特点，逐步推广，最终提升了全市全行业标准化水平。

（三）联动性

旅游业被称为“朝阳产业”，既反映了旅游业需求旺盛，发展势头迅猛，发展潜力巨大的特点，也反映出旅游业发展、成长较晚的现实。我国旅游业是伴随着改革开放而产生和发展的，真正成为国民经济中的一个产业部门，形成行业规模也不过只有十多年的历史。由于行业形成晚，市场化程度高，综合性强，关联带动性强，行业界限又不十分明确，所以旅游行业管理网络不像国民经济其他行业那样显著，没有其他行业那种传统的管理模式。在管理领域上，和其他部门的交叉重叠面多。而标准化作为行政管理的一部分，在工作范围上必然存在着许多交叉接触面，突出体现在旅游标准化项目的确立和标准制定过程中需要进行大量部门协调等攻坚工作，而协调量之多，协调难度之大，又正是旅游标准化工作的难点所在。我国旅游涉外饭店星级评定标准、内河旅游船星级评定标准、景区景点质量等级标准的制定和出台，都是上上下下各个层次进行艰巨协调工作的结果，所以部门协调成为旅游标准化工作的主要难点。

上海市旅游局在贯彻和落实旅游业国家标准、行业标准，以及制定与实施旅游地方标准的过程中，得到了上海市公安、工商、消防、交通港口、经信委、农委、协作办等多个部门的支持，实现了在旅游标准化的建设过程中，旅游部门与其他相关各部门的不断交流与职能互补。

旅游业跨时空、异地性的特点使旅游标准化的推进与区域旅游合作的发展相互促进。随着长三角区域旅游一体化进程的加速，苏、浙、沪跨区域旅游标准化合作实现新突破，2007 年制定出台的地方标准《旅游景区（点）道路交通指引标志设置规范》，开创了在地方标准制定中三地分别立项、共同制定、统一发布、各自实施的合作模式。2013 年制定出台的地方标准《房车旅游服务区基本要求》，延续了这一模式，并将安徽省纳入到长三角旅游标准一体化的工作范畴。2015 年苏、浙、皖、沪旅游管理部门和旅游标准化专业部门共同依据标准评定了首批长三角标准化房车示范营地。上海与周边各省还将在更多的领域开展旅游标准化合作，为旅游产业的无缝对接创造条件。

（四）人本性

旅游标准化工作的根本出发点就是从旅游市场的实际需求出发，本着维护旅游游者合法权益的原则，加强管理，提高全行业的服务质量，这也就是旅游标准化的市场取向原则。

满足旅游者的要求，满足市场的需要，是旅游标准化工作的立足之本，发展之源，也是旅游标准化工作的生命力之所在。满足旅游消费者的需求，是我们协调旅游业国家标准项目，争取相关部门支持的重要依据。站在旅游者的角度来制定标准，引导旅游企业实施标准，是旅游标准化工作的优势。越是广大旅游者热切关注的质量问题，越是旅游市场中亟须规范的问题，都应优先列入标准制修订计划。

这几年旅游标准化工作之所以发展较快，各项标准得以实施顺利，产生显著效果，一定程度上与标准能够清晰反映旅游市场需求，对企业的经营管理起到切实的引导作用相联系。满足市场的需求，不仅是满足旅游者的需求，也是满足旅游企业的需要，因此，从发展来看，旅游标准化也要反映旅游经营者和从业人员的需求、符合旅游企业长远发展的需要，从而全面、公平、公正地反映旅游经营者和消费者的合法权益。

（五）科学性

旅游标准化建设的科学性不仅体现在标准化建设过程中的调研与立项的科学取证与分析、重视标准化人才队伍建设，还体现在《上海都市旅游标准化体系》制定的系统性上。

首先，调研与立项的科学性。上海旅游标准化建设过程中，坚持标准内容源于市场、服务市场的原则，每一个标准的制定都以科学扎实的调查研究为基础，力求标准制定有据可依，提高标准化建设的可操作性与效用，使标准真正起到规范和引导市场的作用。

其次，理论研究的重视。对旅游标准化基础理论研究的重视，为上海都市旅游标准化建设的有效性、先进性提供坚实的理论支撑与保障。2007 年，上海旅游行政部门与高校合作成立了上海旅游标准化研究室，组建上海旅游标准化专家库，构建了标准化研究团队，培养标准化建设人才。创办了《旅游标准化前沿》内部期刊。6 年来，旅游标准化的专家队伍不断充实，为上海旅游标准化建设的发展提供了源源不断的后劲支持。《旅游标准化前沿》已经成为品牌产品，被国家旅游局和上海市质量技术监督局充分认可，在上海旅游行业和企业中发挥了很好的作用。

再次，《上海都市旅游标准化体系》的系统性。2011 年上海市旅游局在借鉴国际标准和国外相关先进经验基础上，综合上海都市旅游特色与发展需要，围绕世界著名旅游城市建设目标，以建成观光旅游、时尚购物、休闲度假、商务会展、文化娱乐目的地为核心，制定和发布的《上海都市旅游标准化体系》将在未来较长一段时间内指导上海旅游业发展，促成达到世界著名旅游城市的建设目标。

三、旅游标准化建设成效

（一）标准制定

从2003年上海颁布首个地方标准《农家乐旅游服务质量等级划分》开始，经过10年的发展，2013年《房车旅游服务区基本要求》正式发布，截至2016年年底，上海共制定旅游地方标准22项（不包括已废止标准），旅游地方标准的数量已经占到上海服务标准的1/3。

其中《游览船服务质量要求》《工业旅游景点服务质量要求》上升为国家标准，《旅游特色街区服务质量要求》《工业旅游景区（点）服务质量要求》受到国家旅游局的重视，由上海市、江苏省、浙江省旅游、公安、道路、交通等部门共同提出、共同研究制定，并由三地质量技术监督局共同组织审定，以各自地方标准的形式发布的《旅游景区（点）道路交通指引标志设置规范》是长三角地区第一项跨部门、跨地区的区域旅游标准化合作成果，颁布国内首部有关旅游集散中心的地方标准《旅游集散中心服务质量要求》，《老年旅游服务规范 第1部分：旅行社》也成为国内首个老年旅游地方标准，《会议经营与服务规范 第1部分：会议服务机构》作为中国会议服务业首个地方性标准，填补了我国在该领域的空白。这些地方标准的制定，在全国都具有率先和示范的意义。

表2-2 上海旅游业地方标准

序号	标准号	标准名称	发布日期	实施日期	状态
1	DB31/T 299—2003	农家乐旅游服务质量等级划分	2003-12-31	2004-03-10	现行
2	DB31/T 378—2007	旅馆服务质量要求	2007-02-25	2007-05-01	现行
3	DB31/T 392—2007	工业旅游景点服务质量要求	2007-09-17	2007-12-01	现行
4	DB31/T 393—2007	旅游景区（点）道路交通指引标志设置规范	2007-10-14	2008-01-01	现行
5	DB31/T 412—2008	旅游特色街（区）服务质量要求	2008-08-22	2008-10-01	现行
6	DB31/T 641—2009	旅行社服务质量要求及等级划分	2010-03-12	2010-05-01	现行
7	DB31/T 490—2010	旅游集散中心服务质量要求	2010-07-13	2010-09-01	现行

续表

序号	标准号	标准名称	发布日期	实施日期	状态
8	DB31/T 564. 1—2011	老年旅游服务规范　第 1 部分：旅行社	2011-10-12	2012-02-01	现行
9	DB31/T 636. 1—2012	上海会议服务机构服务规范　第 1 部分：会议服务机构	2012-09-20	2013-01-01	现行
10	DB31/T 755—2013	体育旅游休闲基地服务质量要求及等级划分	2013-11-07	2014-01-01	现行
11	DB31/ T 773—2013	房车旅游服务区 基本要求	2014-01-02	2014-03-01	现行
12	DB31/T 864—2014	景区旅游休闲基础设施规划导则	2014-12-19	2015-03-01	现行
13	DB31 /T 866—2014	博物馆、美术馆服务规范	2014-12-29	2015-03-01	现行
14	DB31 /T 949. 1—2015	文化旅游空间服务质量要求　第 1 部分：商业体	2015-11-13	2016-01-01	现行
15	DB31/T 636. 2—2015	会议经营与服务规范　第 2 部分：会议场所服务机构	2015-09-16	2015-12-01	现行
16	DB31/T 925—2015	景区旅游休闲服务设施规划导则	2015-09-16	2015-12-1	现行
17	DB31/ T 1031—2016	营地型房车服务功能与设计导则	2016-12-28	2017-03-01	现行
18	DB31/ T 949. 2—2016	文化旅游空间服务质量要求　第 2 部分：文化创意产业园区	2016-12-28	2017-03-01	现行
19	DB31/T 1029—2016	旅游节庆活动服务质量要求	2016-12-28	2017-03-01	现行
20	DB31/T 1032—2016	城市旅游休闲区规划与建设导引	2016-12-28	2017-03-01	现行
21	DB31/ T 1033. 1—2016	邮轮旅游服务规范　第 1 部分：旅行社	2016-12-28	2017-03-01	现行
22	DB31/T 1030—2016	房车旅游线路服务规范	2016-12-28	2017-03-01	现行

（二）理论研究

上海不断加强旅游标准化工作的理论研究，以适应不断发展的都市旅游，取得了较大的成效，主要体现在《旅游标准化前沿》的编辑和旅游局相关课题项目的建设上。

为引起社会各界对旅游标准化的关注，指导游客通过标准化的角度明白消费，合理维权，提升旅游企业对标准化意义和作用的认识。2007 年 2 月，上海市旅游局编辑刊印了内参《旅游标准化前沿》的第 1 期《旅游业呼唤标准化》。标志着上海旅游标准化建设进入了理论研究发展阶段，实现了从单纯的实践到理论研究、实践探索与理论研究相结合的转变。

《旅游标准化前沿》常态化编辑刊印，每年发行 12 期，从标准化的视角来解读旅游业。设立了“标准解读”“标准化工作相关信息集成”“上海旅游标准化工作进度”和“旅游标准化百家谈”几个栏目，分析解读上海已出台和即将出台的旅游标准，反映上海乃至全国的旅游标准化建设工作，收集旅游业关联度高的标准化实时信息，并分享业界专家对旅游标准化的观点、看法。

此外，上海市旅游局不断加强旅游标准化理论研究，对旅游标准化研究给予政策和资金等方面的支持，如：《标准化建设对旅游业发展的贡献度》《旅游标准化示范试点质量评估及推广》《大力推进上海旅游休闲活动区建设》等项目研究。

（三）运行组织

1. 服务标准化技术委员会

2003 年，经上海市质量技术监督局批准，上海市服务标准化技术委员会成立，成为全国成立的第一个省（市）级服务标准化技术委员会，标志着上海旅游标准化建设工作的开始。

委员会以服务于上海现代服务业为中心，以标准化推动行业进步，以标准化提升服务质量，以标准化增强市场竞争力为宗旨，并且致力于紧紧抓住上海市加快发展现代服务业的机遇，围绕热点、突出重点、瞄准新的增长点，充分发挥技术委员会服务于经济、服务于社会的功能，制定服务标准化工作计划、工作规划；承担服务业标准的制定、修订及预审工作；开展服务业标准的宣贯和企业采标的技术咨询、培训等工作，促进服务标准化技术委员会各项工作健康、全面发展。

2. 旅游标准化技术委员会

组织机构的不断完善和正常运行是各项工作深入开展的保障，同样旅游标准化建设需要有专门的机构来组织运行相关事宜。因此，上海市旅游局在 2011 年专门成立了上海市旅游标准化建设工作领导小组来推进旅游标准化工作，并在上海市质量技术监督局的指导和帮助下，于“世界标准日”正式成立了“上海市旅游标准化技术委员会”，这是上海加快建设世界著名旅游城市的一个制度性建设，使上海的旅游产业在全力打造世界著名旅游目的地过程中获得了一个机制性支撑保障。

“旅标委”的特色是“三核”驱动，即市旅游局、市质监局和旅游高校共同推动，充分发挥政府相关职能部门和高校科研力量的各自优势，合力建设上海旅游标准化体系。市旅标委的成立，不仅为上海今后进一步开展旅游标准化学术交流、信息传播、人才培训、技术咨询以及专业宣传等工作构建了良好的平台，形成了旅游标准化建设长效机制，也为上海今后旅游标准化事业的科学发展打下了夯实的技术基础。

“旅标委”的成立，标志着上海旅游标准化建设翻开了全新的一页，并在随后的时间里，不断产生新的旅游标准化专业委员会，丰富着都市旅游标准化的组织机构体系。

（1）会展奖励旅游专业委员会

会议服务业标准化是旅游业发展的重要技术支持，是规范会议旅游市场秩序和行业监督管理、提高服务质量和服务水平、推动旅游产业转型升级、提升会议服务业国际竞争力的重要手段，更是把上海建设成为世界著名旅游城市的必然要求。

为促进上海会议服务业规范化、专业化发展，推动上海国际商务会议旅游目的地建设，2013 年 4 月 16 日，在举办中国（上海）会议与旅游产业发展论坛期间，上海市旅游标准化技术委员会成立了第一个专业委员会——会展奖励旅游专业委员会。来自高校会展专业、专业媒体、著名公司、会议场所、会议服务机构的 10 余名专家成为会展奖励旅游专业委员会委员。上海市旅游标准化技术委员会会展奖励旅游专业委员会的成立是推动会议服务标准工作的制度化保证。

今后，上海市旅游标准化技术委员会会展奖励旅游专业委员会将积极推进会议经营与服务规范系列标准的制定、修订工作；并依托相关标准对会议服务机构、会议场所等开展达标评定工作。

（2）邮轮专业委员会

上海邮轮旅游经过十年的发展，现已建成北外滩、吴淞口两大邮轮码头；世界三大邮轮公司开始母港航线，基本形成了“从船到岸”“从旅游服务到物质供应”的完整产业链条和旅游服务体系；确立了东北亚国际邮轮母港的地位，形成了与香港、新加坡比肩的发展格局。2012 年上海共接待国际邮轮 211 艘次，进出港邮轮游客近40万人次。目前上海邮轮经济进入全面发展阶段，相应的规制管理就应提上重要日程，以标准化确保邮轮旅游发展势在必行。

为了确保邮轮旅游的服务质量和邮轮旅游市场的规范化经营，上海市旅游标准化技术委员会于2013年正式成立邮轮专业委员会。邮轮专业委员会的委员由来自政府主管部门、院校、国际邮轮企业、邮轮码头企业、旅行社企业等各个相关部门的技术专家共同组成。

专业委员会将配合上海市邮轮产业发展的相关要求，结合中国邮轮旅游发展实验区的建设，以技术标准为抓手，规范引导上海国际邮轮旅游市场的发展。将在邮轮相关课题研究工作、邮轮系列标准制修订工作、邮轮系列标准等级评定工作、相关标准评定结果的宣传推广工作等方面推动邮轮旅游标准化建设发展。

（3）自驾车（房车）旅游专业委员会

2013年5月27日，上海市旅游标准化技术委员会自驾车（房车）旅游专业委员会、上海自驾车（房车）旅游联盟正式成立。至此，上海自驾车（房车）旅游发展进入到机制探索的新阶段。人们再次把目光聚焦在自驾车，尤其是房车旅游的发展之上。该产业的各个组成部分准备以“团队、合作、联盟”的姿态，通过整合的力量来进一步树立标准，推进市场发展。

上海市旅游标准化技术委员会自驾车（房车）旅游专业委员会由相关政府牵头，组织企业代表、专家代表以标准的建立、评定与宣传为主要职责，致力于在未来引导自驾车（房车）旅游产业的品质塑造。

（四）试点建设

截至2016年年底，上海市已有1个国家级服务业标准化试点——佘山国家级旅游度假区，2个全国旅游标准化试点城市（区）——徐汇区、宝山区；6个全国旅游标准化试点企业（单位）——锦江国际集团、春秋国际旅行社、携程旅行网、上海野生动物园、上海中华艺术宫、上海国旅国际旅行社有限公司等。

在各单位自愿申报的基础上，经有关区县旅游局、质监局（现市场监督局）初审推荐，上海市旅游局、市场监督局联手开展2012~2013年度、2014~2015年度的市级旅游标准化示范试点的审核工作，目前共有37家旅游企业参加了上海市旅游标准化示范试点单位创建。

B.6

广东省旅游局旅游标准化情况

蔡凯龙

一、高度重视旅游标准化工作，积极建设广东省旅游标准化技术委员会

2012年8月，我局与省质监局联合颁布了《广东省旅游标准化“十二五”发展规划》，系统提出旅游标准化的指导思想、主要目标、工作任务、保障措施等，推动建立适应广东发展实际、与国家行业标准对接的旅游标准体系，坚持把实施旅游标准化引领战略作为推动旅游业改革与发展、加快旅游产业发展方式转变的大事来抓，不断推动旅游业各项标准的制定和实施，同时我局联合省质监局成立了广东省旅游标准化技术委员会，进一步扩宽了标准化工作平台，广东省旅游标准化技术委员会以广东省旅游发展研究中心作为秘书处承担单位。

二、不断健全广东旅游标准化体系

我局根据国家旅游标准体系建设的总体要求，结合广东实际和国际发展趋势，建立完善《广东省旅游标准体系表》，注重地方标准与国际标准、国家标

[作者简介] 蔡凯龙，广东省旅游局行业管理处主任科员。

准、行业标准间的配套与衔接，不断健全广东旅游标准化体系。目前已出台的广东旅游地方标准共34项（其中一项已废除），涉及乡村旅游、绿道旅游、自驾车旅游等方面。

近年来，广东省旅游地方标准制定呈逐步增长的趋势，2013年发布了3项广东旅游地方标准，2014年发布5项广东旅游地方标准。2015年，广东省发布7项广东旅游地方标准：《团队旅游应急管理规范》《旅游景区射击场安全管理与服务规范》《绿道游服务规范》《旅行团安全提示与监督规范》《家庭旅馆服务规范》《乡村旅游区（点）服务规范》《内河水域游览船运营条件和服务基本要求》。2016年，广东省组织编定了两项旅游业地方标准，分别是《旅游安全管理动物园》（DB44/T 1886—2016）与《旅游景区高峰预警工作指引》（DB44/T 1921—2016）。目前正在编写及在征集意见阶段的广东地方标准有7项：《旅游安全管理旅游汽车安全管理规范》《岭南水乡旅游安全与服务规范》《特种游服务导则》《特色旅游村镇服务规范》《旅游单项代订服务规范》《旅游驿站设施与服务规范》与《智慧旅游城市建设与服务规范》。

同时，积极鼓励地方标准上升至国家标准或行业标准。由增城市旅游发展中心参与编制国家行业标准《绿道旅游设施与服务规范》（LB/T 035—2014）于2014年正式实施。由广东省旅游发展研究中心负责主持的旅游行业标准《乡村旅游公共服务基本要求》正在编制中。

三、大力开展旅游标准化试点工作

国家旅游局开展全国旅游标准化试点工作以来，我省积极响应，通过试点带动、典型引路，促进全省旅游标准化水平的整体提升。广州广之旅、白云山、深圳华侨城、珠海海泉湾广东中旅等5家企业及增城市经过两年努力创建，被国家旅游局命名为“全国旅游标准化示范单位”，广州塔、丹霞山被列为第三批全国旅游标准化试点单位，并顺利通过终期评估；肇庆市旅游局还在全省率先开展市级旅游标准化试点工作，第一批共有6个试点，其中4个已经通过评估验收。此外，我省不少旅游企业或地区积极参与质监系统的试点示范工作：珠海御温泉、中山国旅被国家标准委列入“国家旅游服务标准化试点企业”并通过验收，连南瑶族自治县被列入“省级旅游服务先进标准体系试点”，深圳市盐田区还被评为全国首批“国家旅游服务标准化示范区”。参与试点工作，不仅提升了自身经营管理水平，也带动了全省旅游服务质量提升，形成了生动活泼的工作局面。

四、旅游标准化成效日益显现

随着旅游标准向旅游各要素领域不断推进，标准实施的成效日益显现，有力推动了我省旅游产业快速发展。旅游标准化体系的不断完善对推动旅游企业的转型升级和精品化建设，提高旅游业服务水平和核心竞争力起到了重要作用。旅游标准化工作的扎实推进，也为提升我省旅游产业总体素质、加快旅游强省建设作出了重要贡献。过去四年，广东旅游总收入、外汇收入、接待国内过夜游客人数和接待入境过夜游客人数分别增长了 106.1%、42.5%、62.1%和 6.8%，旅游主要指标稳居全国首位。2015 年 1~9 月，全省实现旅游总收入 7800 亿元、同比增长 11%，接待过夜游客 2.49 亿人次、增长 10%。预计 2015 年全省实现旅游总收入 10365 亿元、同比增长 11.8%，其中旅游外汇收入 175 亿美元、增长 2.5%；接待过夜游客 3.6 亿人次、增长 10%，其中入境过夜游客 3500 万人次、增长 4.3%。据国家旅游局中国旅游研究院的《中国旅游业发展报告》显示，广东旅游业综合竞争力稳居全国第一。我省居民国内游人均 2.86 次，国内游人均消费 1710 元，约占全省居民消费支出 19.4%，旅游消费成为拉动消费的重要引擎。旅游业增加值占全省第三产业增加值的比重由 2010 年的 11.5%增长到 2014 年的 13.1%，促进了产业结构调整优化。全省旅游业直接就业人数达 250 万人，直接就业贡献率达 6.8%，与旅游相关就业人数超过 1250 万人，在促进居民就业、改善民生等方面发挥着积极重要的作用。

B.7

云南省旅游标准化工作开展情况

李　力

为贯彻落实《云南省人民政府关于实施标准化发展战略的意见》（云政发〔2009〕143号）精神，按照省委、省政府对旅游标准化工作的总体部署，为充分发挥标准化工作在提高云南旅游业产品质量和服务水平中的作用，助推云南旅游服务质量的全面提升，全省旅游行业自2009年年底开展了多次国内、省内调研后，正式启动了标准化工作。2010、2011年是云南省旅游标准化制标年、体系构建年，是云南省旅游标准化探索、发展的重要阶段，通过全行业的努力，2011年省旅发委被省政府授予首批云南省标准化创新贡献奖。2012~2015年则是云南全面推进实施旅游标准化贯标年，是旅游标准化工作攻坚之年，是全面推进旅游标准化工作的关键时期，在这一关键阶段，全省扎实推进了旅游标准化贯标工作，标准化的概念深入人心，逐步形成了旅游行政管理部门依规依标监管、行业协会依标监督、旅游企业依标运行、从业人员依标服务的良好氛围。经过5年多的摸索和努力，全省旅游标准化工作取得了一定的成绩，现将有关工作开展情况报告如下：

［作者简介］李力，云南省旅游发展委员会行业管理处任副处长、云南省旅游标准化技术委员会秘书长。研究方向：旅游服务质量提升与旅游标准化工作。

一、旅游标准化工作开展情况

（一）创新开展旅游标准化工作思路

一是广泛调研，制定方案。针对我省旅游标准化工作的现状和存在的主要问题，在赴四川、重庆等地开展调研和学习交流基础上，根据我省实际制定了《云南省旅游标准化工作实施方案》，并经省政府批准实施。二是成立工作机构，建立合作机制。省旅发委在全省率先成立了负责全省旅游标准化工作的专门机构——云南省旅游标准化技术委员会及秘书处。同时，与省质监局签署了《加快推进旅游产业标准化工作战略合作协议》、与省标化院等单位建立了长期、全面、紧密的合作机制，按照“高起点谋划、高规格推动、高效率落实”的原则发挥自身优势，相互协作，形成以旅游行政管理部门为主，标准化行政管理部门提供政策支持，合力推进旅游产业标准化的工作机制。三是建立与旅游市场监管工作相适应的旅游标准化管理体制与常态化工作机制，逐步形成以旅游标准化管理为手段的旅游市场准入与退出机制，把旅游标准化工作作为旅游市场监管的重要抓手，做到监管有标可依，依标监管。四是建立旅游行政管理部门主导、旅游行业协会具体组织、旅游企业共同参与的标准评定、认定管理新模式。根据全面推进旅游标准化贯标工作的目标、任务和我省旅游行业的实际，采取“认评分开、管监分设、分级授权、上下联动”的原则开展各相关旅游要素行业等级评定和认定工作，由各级旅游行政管理部门成立领导机构和认定机构，对各要素行业具体评定结果进行认定，而具体评定工作由各级旅游行业协会和要素分会承担。以此充分发挥旅游行政管理部门与各级旅游协会的作用，使贯标工作更符合行业、企业实际，更为科学合理。

（二）建立健全省旅游标准体系，加快标准制修订步伐

组织编制完成了《云南省旅游标准化发展规划（2011—2015 年）》《云南省旅游标准体系构建与总体设计》两个首批云南省实施标准化发展战略项目，并已通过专家组评审。在制标方面，到目前，省旅发委紧紧围绕旅游行业监管、

市场秩序规范和旅游服务质量提升的需要，已组织制定完成了《旅行社接待服务规范》（含新版云南省旅游标准合同示范文本）以及与之配套的涉及导游、购物、旅行社、旅游汽车、经济型酒店、特色民居客栈、旅游团队餐饮接待企业、旅游汽车营地、旅游饭店等要素行业的16项地方标准和《温泉企业服务质量等级划分与评定》1项行业标准，扩大了我省旅游要素标准覆盖范围，加快了我省旅游标准体系的建设。

同时，为配合2013年10月1日《旅游法》的正式实施和云南省旅游市场监管平台的启用，省旅发委结合《旅游法》的要求和我省旅游业发展实际，组织修改了新版云南省旅游标准合同示范文本，包括境内包价旅游合同、出境包价旅游合同、单项委托服务合同、旅行社委托合同和云南省接待旅行社服务质量告知书，并与省工商局联合印发，合理解读了《旅游法》第35条，合同规定安排旅游购物和自费项目必须满足游客自愿、旅游社与游客协商一致并不影响行程三项缺一不可的前提条件，双方在标准合同上进行特别约定、（自愿游客逐一）签字认可，方可实施，为《旅游法》贯彻实施提供了可操作性。为使云南省旅游标准合同与《旅游法》《云南省旅游条例》，以及开展旅游市场监管整治工作实际进一步协调统一，省旅发委与省工商局又于2015年、2016年联合印发了两个版本的《云南省旅游标准合同示范文本》和《云南省旅游合同示范文本》。

（三）分步实施，全面推进旅游标准贯标工作

2012年7月6日，省旅游产业改革与发展领导小组组织召开了全省旅游标准化工作电视电话会议，会议提出全省分两个阶段全面推进旅游标准贯标工作：第一阶段即启动贯标阶段（2012年7月6日至2013年12月31日），重点推动《旅游购物场所服务质量要求》等8项国家标准、《温泉企业服务质量等级划分与评定》等4项行业标准和《旅行社接待服务规范》等9项地方标准的宣贯和等级评定工作；第二阶段即全面贯标阶段（2014年1月1日至“十二五”末），全省在第一阶段深入贯彻相关旅游标准的基础上，进一步扩大旅游业相关国家标准、行业标准和地方标准的贯标范围。

按照“认评分开、管监分设、分级授权、上下联动”的原则，省旅发委在

全面推进旅游标准贯标的第一阶段，做了大量工作：一是建立机构。组建了省、各州市旅游标准等级认定委员会，成立了旅游业各相关旅游要素标准省级和州市级等级评定委员会，并组建了相应的评定检查员队伍。二是下发了《云南省旅游局关于印发全面推进旅游标准贯标工作实施方案的通知》（云旅行管〔2012〕188号）、《云南省旅游标准等级认定委员会关于印发云南省旅游业相关标准评定、认定工作规程的通知》（云旅标认委发〔2013〕1号）等一系列贯标文件。三是全面开展了旅游饭店、景区、旅行社、旅游购物场所、旅游汽车公司、旅游车辆、驾驶人、导游、经济型酒店、特色民居客栈、团队餐饮、温泉企业等企业和从业人员的评定、认定工作。到2016年12月31日，共认定星级旅游饭店829家、A级旅游景区232家、星级旅行社483家、星级旅游购物场所166家、依国标认定星级旅游汽车公司15家、依地标认定星级旅游汽车公司39家、星级旅游车辆4691辆、星级旅游汽车驾驶员5648名、星级导游10307名、星级经济型酒店100家、星级特色民居客栈244家、星级旅游餐馆246家、旅游团队餐企业246家、星级温泉企业9家，并做好年度复核工作，为推行旅游合同标准化，建立全省全省统一的旅游团队电子化监管系统，将等级评定、认定和合格的企业、车辆和从业人员纳入监管平台做好了准备。

（四）以点带面、扎实推动旅游标准化试点工作

旅游标准化试点单位的标准化创建工作是旅游标准化工作的重要内容。除积极推进国家级旅游标准化试点工作外，我省还积极加快省级旅游标准化试点单位的创建工作，以标准提升旅游服务质量，用标准打造国内外知名旅游品牌。在首批全国旅游标准化试点示范创建工作中，我省丽江玉龙雪山旅游区、石林风景名胜区等4家首批全国旅游标准化试点单位，以及腾冲县和大理崇圣寺三塔文化旅游区两家第二批全国旅游标准化单位以云南省开展旅游标准化试点工作先行者的身份，积极进取，勇于探索，在深入推进国家标准和行业标准贯彻执行的同时，因地制宜做好相关标准体系的编制实施工作，试点示范效果明显，不仅顺利通过了国家旅游局的评估验收，成为全国旅游标准化示范单位，还取得了良好的社会效益和经济效益，促进了我省旅游标准化工作水平的整体提升。

二、下一步工作打算

(一) 深入开展旅游标准贯标工作

在基本实现全省各要素行业“应评尽评”的贯标目标基础上，认真总结经验、查找不足，持续宣传发动，结合标准合同执法监管，巩固并适时扩大标准覆盖范围，进一步提高达标企业、车辆、从业人员的数量；同时通过规范程序、完善制度、应用成果，提高旅游标准评定认定质量和效率。进一步扩大旅游业相关国家标准、行业标准和地方标准的贯标范围，实现各要素行业标准全覆盖的目标，努力提升旅游全行业的产品质量和服务水平。

(二) 制修订地方标准

结合贯标工作实际，对已制定的一批地方标准进行修订完善，结合旅游各要素行业发展需要，再制定一批旅游行业亟须的地方标准，进一步建立健全我省旅游标准体系；积极推荐成熟的、有推广价值的地方标准上升为行业标准或国家标准。

(三) 依标建立旅游服务进入退出机制

根据《旅游法》和《云南省旅游条例》：“旅行社组织旅游活动应当向合格的供应商订购产品和服务”的要求，随着旅游市场电子监管平台的启用和旅游执法力度的加强，今后，未经服务质量等级评定认定的旅游企业、车辆和从业人员将不得再接待旅游团队，否则属于违法，将受到处罚处理，标准成为旅游市场的准入门槛，这有利于贯标工作的深入推进，促进旅游企业、车辆和从业人员的贯标积极性和主动性，因此明年起在持续推进贯标工作的同时，还要依标组织开展对已通过评定认定的企业、车辆和从业人员的复核工作，对不持续达标的企业、车辆和从业人员进行限期整改处理，逾期未完成整改的予以取消服务质量等级，视为不合格的服务供方，不得再接待旅游团队，从而建立和形成旅游服务退出机制。

（四）建立贯标与市场监管相结合的工作机制

在为旅游市场电子监管平台提供经服务质量等级评定认定的企业、车辆和从业人员结果的基础上，及时根据新评定认定情况以及复核结果更新名录，为旅行社和游客提供选择参考，为旅游执法部门提供执法依据；同时对旅游执法部门日常检查提出限期整改处理或取消等级建议的企业、车辆和从业人员进行跟踪督促、复查，对逾期未完成整改的进行取消等级处理，并更新名录，从源头上予以退出。通过旅游执法部门依法依标检查，对未经服务质量等级评定认定的企业、车辆和从业人员接待旅游团队行为进行处罚处理，反促旅游标准化贯标工作的巩固和提高，推进旅游标准化贯标与旅游市场监管工作互动协调，建立和完善贯标与市场监管相结合的工作机制。

（五）持续推进旅游标准化试点工作

积极争取承担各批全国旅游标准化试点工作，继续扩大试点面，总结试点经验，以试点示范带动全省旅游行业全面实施旅游标准化，实现旅游标准、标准化体系对行业的全覆盖，提升全行业服务质量，为营造公平有序的旅游市场做出贡献。

B.8
标准化——杭州旅游国际化的通行证

梁雪松　王　伟

党的十八届四中全会确定了我国依法治国的方略，市委市政府贯彻落实十八大精神迅速推出了“杭改十条”“杭法十条”，把旅游标准化的落实纳入其中，充分体现了旅游标准化在依法行政、改革发展中的作用。旅游实施标准化，将引领带动旅游业乃至整个服务领域的标准化工作，推动我国服务业质量和管理水平的整体提高。为此，杭州市深入贯彻落实国务院《质量发展纲要（2011~2020年）》、国家旅游局《全国旅游标准化发展规划（2009~2015年）》确定的战略目标和任务，以及省、市旅发大会精神，在旅游标准化工作上获得了一系列的经验和成果，为杭州旅游健康、快速发展做出了重要的贡献。

一、正确定位杭州旅游标准化发展现状

（一）杭州旅游标准化建设走在同行业前列

早在1998年年底杭州就成功地跻身首批“中国优秀旅游城市”行列。2003年国家旅游局下发《“中国最佳旅游城市”创建指南》后，杭州市又迅速向国家旅游局提出书面申请并在全市部署开展“创佳”活动。在争创中国最佳旅游城

［作者简介］梁雪松，男，辽宁大连人；浙江工业大学教授、博士；之江旅游学院院长；主要从事旅游经济研究。王伟，男，甘肃兰州人，副教授，主要从事休闲旅游研究。

市过程中，杭州接轨国际标准，推广国家标准和行业标准，积极制定推广符合杭州特色的地方标准，为2006年顺利通过国家旅游局和世界旅游组织联合专家组的评估验收，为夺取“中国最佳旅游城市”的称号奠定了坚实基础。近年来，自国家旅游局推出全国旅游标准化示范试点以来，杭州市积极响应，踊跃参加，旅游标准化工作自下而上地进入了示范（试点）建设的新阶段。在全国第二批示范试点中，杭州市淳安县作为全国标准化示范县已通过验收；旅游企业中萧山区浙江开元酒店投资管理集团有限公司、西湖区杭州西溪湿地国家公园均已顺利通过了全国旅游标准化示范企业的验收，为区、县（市）和旅游企业标准化建设树立了标杆。

目前杭州市对省、市开展的各项旅游标准化创标试点工作都积极踊跃参加，全市已拥有或参与了省市县等不同级别的15项旅游标准（如：特色休闲示范点服务规范、旅行社服务网点设置与服务规范、旅游集散中心等级划分与评定、旅游餐馆设施与服务等级划分、游船（艇）服务质量规范、漂流旅游安全和服务规范、自行车骑行游服务规范、农家乐业态设置和服务规范等），在一定程度上填补了现有国家级、省级和行业旅游标准的空白，也体现了杭州地方的旅游特色。

（二）领导重视，贯标推标成效显著

2014年杭州市旅委将旅游标准化工作列为年度重点工作之一，联合浙江工业大学之江学院开展了专题调研，针对国内外、省内外旅游标准化发展现状进行了样本调研，梳理了全国、全省以及杭州市旅游标准化工作开展的情况，赴省内外考察、调研了旅游标准化示范城市、景区、饭店和旅行社等旅游企业，最终形成了翔实的调研报告，为领导决策作参考。并结合杭州市旅委实际情况成立了杭州旅游系统标准化领导小组，统筹规划系统旅游标准化工作；组建了杭州市旅游标准化技术委员会，指导协调旅游企业标准化工作的开展；开设了杭州市旅游标准化网站，实时动态地反映国内外、省内外以及杭州市旅游标准化发展的现状，成为杭州市旅游标准化工作的信息交互平台；整理出版了《旅游标准化实务》一书，针对国家、地方、行业的重要标准以及杭州市独有的特色标准进行了全面深入的梳理，为旅游行业提供服务。

近年来，我们按照旅游产业和市场经济发展规律，以“标准化”为抓手，以“强化管理、改善服务”为目标，把旅游标准化建设作为重要工作内容，大力推进以创建A级景区、星级饭店、品质旅行社等为核心内容，全面推进标准化建设，大力助推旅游服务质量的转型升级，有效地引导旅游企业管理规范化、标准化发展。截至2016年年底，杭州市已评定星级饭店165家（其中五星级饭店23家、四星级45家）；评定星级品质旅行社102家（其中五星品质旅行社15家、四星38家、三星（含）以下49家）；评定A级旅游景区69个（5A级3个、4A级33个、3A级24个、2A级9个）；杭州市的各旅游企业内部管理和外在品牌形象得到明显改善，有效地促进了服务质量的全面提升。

（三）企业感受深刻，市场反馈良好

在旅游标准化推进过程中，各区县市主管部门严格标准，认真把关；各参评企业正确对待、真抓实创，有效地保证了品质星级企业的整体质量。全市各龙头旅游企业基本上都已经加入到品质企业的队伍。获得星级品质企业称号的负责人表示，品质星级评定活动，为企业排忧解难，为构建具有杭州市特色的现代旅游服务标准化体系打下了坚实基础。通过创星、创A工作，许多企业内部管理更加规范、外部形象明显改观，服务品质显著提升，企业的综合竞争力进一步增强。主要体现在以下几个方面：

1. 促使企业加强了设施的投入与提升

参评企业按标准对企业硬件设施和软件服务进行了充实、完善与提高，受检企业检查评定时提供的台账资料整齐、美观、细致，充分体现了注重细节的行业特点。

2. 促进企业改进和加强了品质管理

以创A、评星、品质等级评定为抓手，大部分参评的企业重新修订了相关的管理办法，从服务、产品、操作流程管理等方面入手，不断强化产品与服务相结合的理念，制定了“服务标准化”“产品标准化”和“操作流程及管理标准化”。

3. 促进行业规范发展

通过标准化推广，改变了过去无等级区别、鱼龙混杂的状况，使旅游企业的经营服务品质和企业信誉等接受行业、游客和社会监督，促使旅游企业实现以品质服务和品牌为主的规范发展。许多的企业通过品质评定工作，公司的员工精神面貌、企业的外在形象、经济效益、企业的品质、品牌效益都得到了明显的提升。内部管理更加规范，企业综合竞争力进一步增强，推动了企业快速、健康地发展。

4. 提升了对企业的监督管理

各区县在制定实施标准时，都注意结合实际落实考核测评指标，实行重大责任事故和重大投诉均要降低乃至取消等级的“一票否决制”。以旅行社行业为例，品质旅行社评定活动开展以来提升效果显著：绝大多数旅行社硬件设施和信息化建设、经营场所布局、产品研发能力、业务流程、应急预案、合同管理制度及执行力度、导游管理制度、培训制度、服务质量监督以及客户服务等方面改善显著；大多数旅行社年度投诉率下降、旅客满意率上升。越来越多的民众在出游选择时，除了比产品、比价格，还要比是不是品质旅行社、比品质旅行社星级的高低，通过旅游企业标准化工作的实施，杭州市旅游整体形象得到了显著提升。特别是在2014年接受全国文明城市检查和2015年“五一”国家旅游局旅游市场秩序大检查中受到各级的高度肯定。为推进杭州市旅游经济强市的建设和发展做出了积极有益的贡献。

二、着力创新旅游标准化工作的新经验

（一）深入研究思考，积极开拓创新

杭州市旅游标准化建设是走在全国同行业前列的，在贯标中，获得“中国最佳旅游城市”。在全国旅游标准化试点城市示范点创建中，我们未能争先，但我们可以向更高的目标迈进，着力创新旅游标准化工作的新经验。

国家旅游局要在全国范围内开展创建全国《旅游休闲示范城市》，世界旅游组织要开展《国际旅游城市》评选，都是杭州标准化工作目标和方向，这不是一个号召、一句口号就能够解决的，需要在进行旅游标准化工作中，充分利用创标夺标的工作积累经验，树立标杆，起到以点带面的作用，并将示范单位的好经验、好做法在旅游行业中进行推广和示范。市旅委领导要求各单位结合本地、本部门的工作实际，认真总结过去在旅游标准化建设过程中行之有效的措施和方法，深入研究思考，积极开拓创新，在各区县和不同行业中先确定示范试点单位，起到更好的引领示范和带头作用，争取总结创造出标准化建设的新经验在杭州市范围内予以推广。

（二）创新旅游标准体系建设

在创标中，我们着力研究打造杭州特色的国际旅游休闲目的地标准体系；免费的西湖是杭州首创，免费的景区管理标准能否首创，全国许多收费的景区管理尚不够理想，能否探索出景区管理的杭州标准。杭州目的地管理也是全国首屈一指的，从体制机制到执法模式，从投诉处理到质监网络建设，能否总结形成目的地管理的杭州标准。还有旅游资讯公共服务体系、产业融合特潜行业、服务游客的社会资源访问点等标准，这些都是我们杭州旅游标准化技术委员会在今后标准化工作上大有可为的事情。

（三）新标准与规范的研制

在 2014 年工作的基础上，2015 年杭州旅标委继续以行业标准化体系建设为目标与己任，通过政府采购《旅游行业标准化体系建设》项目正式立项，保证了旅标委秘书处的日常平稳运营以及新标准的制修订工作；先后召开了杭州市旅游标准化工作会议，正式开启了杭州市旅游标准化体系构建工作的序幕，体现了杭州推进旅游标准化工作的决心和力度，提高了全市旅游行业的统一认识。同时，为实现杭州旅游国际化、打造杭州特色的国际旅游休闲目的地标准体系、使杭州旅游业让人民群众更加满意奠定了良好的基础。各大媒体争相报道，进一步打响了杭州旅游目的地的品牌。召开了旅行社服务网点标准化试点工作总结暨推广大会，并进行了旅行社服务网点标准化第二轮培训。

2015年共推出了《旅游民宿服务规范》《旅行社计调工作规范》《等级旅游景区安全服务标准》三大行业标准的研制，此三大标准涉及旅行社、旅游住宿及景区三大行业，均是目前行业空白又是行业发展亟须的标准与规范。目前已有两个标准基本都已完成了前期调研、数据整理分析、标准制定、征求意见、专家论证等工作，已进入最终修改完善阶段。其中《旅行社计调工作规范》已正式报市质监局并列入2015年杭州市服务业标准化项目计划。另外两项标准质监局也以杭州市地方标准规范培育项目的形式，同意作为2016年杭州市服务业标准化项目进行申报。

三、杭州市旅游标准化工作思路

当前市级旅游标准化工作体系已初步构建完成，在此基础上主要是努力推进，不断完善提升。市旅游标准化工作领导小组将依照市委、市政府“杭改十条”“杭法十条”要求，同时在市质量技术监督局、各相关部门以及各区、县、市主管部门支持下，在市旅游标准化技术委员会、各行业协会和全体旅游企业的大力配合下，全力推进杭州市旅游标准化工作，建设有杭州特色的旅游目的地标准化体系。

（一）激发企业在旅游标准化工作中的主力军作用

杭州旅游业经过“十二五”的快速发展，现在已经进入到质量和数量并重、内涵和外延并重的高层次发展转型期。要实现“国际化休闲旅游城市”的发展目标，必须要以旅游标准化工作为抓手，坚持打造城市国际化旅游目的地目标，重点抓好旅游基础建设、旅游产品多样化和旅游业软实力三大建设，加快旅游业品质提升，推动旅游企业实现数量和质量的同步攀升。因此，加强旅游服务标准化宣传，普及旅游标准化知识，努力营造“学标准、讲标准、用标准”的良好氛围。

发展旅游业，核心是质量，关键在标准。旅游企业要发挥好标准化建设的执行主体作用，以标准为依据，加大培训辅导力度，全面、准确地理解、运用标准；着力培养旅游标准化管理、科研等实用人才，不断壮大旅游标准化人才队伍。以标准化为标尺，定期对各类旅游标准实施效果进行调研、检查、评估。在旅游企业大力推进以“服务质量目标化，服务过程程序化，服务行为规范化”为主要内容的服务标准化活动，全面提高旅游企业和从业人员的标准化意识，在旅游服务各环节严格贯彻实施有关标准，为游客创造一流的旅游环境，提供一流的服务。

（二）切实把旅游标准化工作落到实处

标准化是建设“国际化休闲旅游城市”的重要举措。2014 年已经启动旅游标准化体系建设工作，接下来具体的实施过程中，需要创新旅游标准化工作的推动方式，完善旅游标准体系建设，深化旅游标准实施效果，促进旅游产业发展取得新成效。旅游标准化技术委员会要坚持整体推进与重点突破相结合，坚持普遍要求和示范引领相结合，不断摸索和总结政府主导、部门联动、行业协会和旅游企业以及社会各方面积极参与的旅游标准化工作的长效机制，为杭州市旅游标准化的推广和旅游业的快速发展建立良好的工作机制。

（三）加大力度，抓住重点

1. 抓好旅游标准化宣贯推广力度

加大全市星级及特色酒店、A 级景区、星级旅行社等旅游企业推行和实施旅游业国家标准、行业标准和地方标准的力度。各级要积极做好宣贯动员，尤其是各级协会要体现行业号召力，争取更多的旅游企业加入到标准化管理队伍中来，旅游标准化最终目标要落到提高质量上，要落到提升服务水平上，这是开展标准化工作的出发点和落脚点。只有旅游标准化企业队伍不断发展壮大，旅游行业服务品质整体提升才能得到有效保证。

2. 加强旅游服务品质监管力度

精心培养和打造一支旅游标准化建设指导和监管的专业化队伍，对已经加入标准化行列的企业要加强管理，各级各部门要通过定期检查、明察暗访、复核复评保证品质，对降低标准、不执行标准甚至违反规定标准社会形象差的单位给予严厉处罚。

3. 努力推进标准的制定、修订力度

结合杭州市旅游产业发展实际，不断丰富标准化建设内涵，研究和制定还没有覆盖的旅游相关要素标准，建立满足杭州市旅游业发展需要的旅游标准化体系，2015 年杭州市旅标委将领衔调研制定《旅游民宿服务规范》《旅行社计调标准》《等级景区（点）安全管理标准》等标准，形成国家、行业、地方、企业四级旅游标准化体系。

（四）积极探索，努力创新

“杭改十条”赋予杭州构建探索现代旅游业发展标准化新机制，创新全要素旅游目的地标准化建设和管理模式，因此要以标准化建设为引领，充分发挥政府引导、市场主体、行业自律、企业自主的新型旅游管理模式的作用，助推企业以自然为本、特色为根、文化为魂、市场为导向的原则，培育旅游产品品牌，提升旅游服务水平，开发以文化休闲、康体休闲、乡村生态休闲、身心休闲等旅游度假产品，推行精细化、人性化、个性化的“品质旅游”服务，满足游客的多元化需求，不断完善旅游产品结构，努力创建一批实施标准化管理，具有地方特色的品牌旅游企业，满足游客多样性、多层次需求，激发旅游消费热情。

B.9

海口：旅游标准化为城市旅游注入强心剂

杨昭山

2012年3月，海口市被国家旅游局列为全国第二批旅游标准化试点城市，这为海口市旅游业规范化发展搭建了平台。海口市委、市政府紧紧围绕创建全国旅游标准化示范城市工作目标，在国家、省旅游主管部门的领导和指导下，在全市相关部门和涉旅企业的共同努力下，旅游标准化工作取得了较好的成效，旅游业相关要素标准在旅游企业中得到了广泛宣贯实施。2014年6月，海口市被国家旅游局确定为“全国旅游标准化示范城市”。

在创标工作期间，我市旅游经济和社会效益得到了健康发展，旅游接待量、旅游总收入和游客满意度稳步提升，2015年旅游过夜人数1225.2万人次，同比增长8.4%；旅游总收入160.06亿元，同比增长12.7%；2016年，全市实现旅游总收入2571.84亿元，增长16.9%，其中旅游外汇收入31.49亿美元，增长7.5%。接待入境旅游者363.23万人次，增长6.3%；接待国内游客1.37亿人次，增长13.8%。

[**作者简介**] 杨昭山，海口市旅游发展委员会副调研员，海口市旅游标准化建设委员会办公室副主任，海南省旅游标准化专家委员，海口市旅游标准化专家委员。

一、主要做法

（一）加强领导，合力推进标准化工作

为抓好试点工作，市政府将旅游标准化工作列入海口市旅游业发展规划和政府工作报告，成立了由市长担任主任，全市相关部门和四个区政府为成员的旅游标准化工作领导机构——海口市旅游标准化建设委员会。“市旅标委”下设办公室（市旅标办），负责全市旅游标准化工作的统筹、协调和指导，办公室主任由市政府分管旅游的副秘书长蔡俏担任，办公室执行主任由市旅发委主任林一民担任，办公室设立培训宣传、督导检查、综合协调、标准推广四个工作组。同时，为便于统筹部署，市政府印发了《关于加快推进旅游标准化建设的意见》《海口市创建旅游标准化示范城市工作方案》《关于深入开展旅游标准化工作的通知》等文件，市政府分别与四个区和22个职能部门签订了目标责任书，建立落实试点责任制，对试点实施情况进行检查考核，做到领导到位、责任到位、组织到位、措施到位、效果到位。

市领导及相关部门十分注重旅游标准化工作，形成了分工明确、上下联动、相互促进的工作格局。市委副书记、市长、市旅游委主任多次深入旅游重点项目单位和旅游标准化试点企业了解情况并现场解决问题；分管副市长主持召开旅游标准化工作协调会，并率领相关部门深入旅游标准化试点单位开展调研、督导旅游标准化工作。财政部门及时核拨标准化工作经费，市法制局、市质监局帮助制定《海口市旅游标准化工作管理办法》《海口市旅游标准化工作奖励暂行办法》，市旅发委及旅标办组织督导全市旅行社、旅游饭店、旅游景区等相关旅游企业做好标准的宣贯实施工作。市商务局牵头评定旅游购物示范店，市食药监局组织评定等级旅游餐馆，市环卫局负责组织对全市旅游厕所进行标准化管理，四个区政府和市公安交警支队加强对辖区内乡村公路、主要公路及城市主要道路的旅游标识牌建设和完善，当地主流媒体及时报道旅游标准化情况。

（二）加大投入，为标准化工作提供保障

为全面推进旅游标准化试点工作，海口市注重以经费和制度来保障，2012年以来，市政府先后出台了《海口市旅游标准化工作管理办法》《海口市旅游标准化工作奖励暂行办法》和《海口市旅游标准化发展规划纲要》等文件，设立了旅游标准化专项工作经费和奖励资金。三年多来，市政府及相关部门、四个区政府、试点企业用于旅游标准化相关项目的专项经费达到80多亿元。其中市财政2013~2015年每年拿出500万元作为市旅标办工作经费和奖励资金，每年拿出2000多万元用于城区旅游厕所、主要道路、旅游景区及乡村旅游点进行旅游化建设。在海口市开展旅游标准化试点和示范工作期间，全市共建设旅游厕所80多座，新增、改造A级旅游景区点交通指示牌1338块，建设旅游名村标识牌956块。

（三）加大宣传，广泛传播工作信息

为扩大旅游标准化宣传力度，扎实、稳步、有序推进旅游标准化工作，我市下发了《关于做好旅游标准化试点城市氛围营造工作的通知》，要求各职能部门和旅游企业做好旅游标准化氛围营造工作，并在《海南日报》、《海口晚报》、海口电视台等主流媒体和人民网、海口市旅游政务网上开辟旅游标准化宣传专栏，及时反映旅游标准化工作动态信息。同时利用主流媒体进行宣传，自2012年3月至今，海口电视台、《海口晚报》和《海南日报》先后80多次对我市旅游标准化工作进行重点报道。旅标办也主动组织编写并向国家旅游局的旅游标准化试点信息交流平台传送信息80多条，上传简报39期，持续宣传报道我市旅游标准化工作信息。旅标办在旅游行业开设标准化工作交流QQ群，将旅游标准文本、标准化有关信息、工作要求、宣传标语等传送给试点企业，让大家随时学习掌握旅游标准和工作动态，各试点企业也根据实际情况多渠道开展旅游标准化宣传，如开辟旅游标准化宣传专栏、利用电子滚动屏播放旅游标准化宣传标语、利用企业官网及微信公众号上传创标动态。

（四）宣贯培训，为实施标准打牢基础

为让试点企业顺利实施旅游标准，自 2012 年 8 月以来，市旅标办多次收集整理旅游相关的国标、行标和地方标准，并反复印制《海口市旅游标准化建设资料汇编》《海口市旅游标准化知识问答汇编》等免费发放各涉旅企业学习。同时邀请国家旅游局、国家标准委、星评委及旅游企业等级评定机构等长期从事旅游相关行业管理和标准起草、评定的专家作为授课老师，开展旅游标准化知识系列培训近 200 场次，参加培训 29680 多人次。为我市打造旅游标准化示范城市奠定基础。

（五）瞄准市场，抓管理促规范

在抓好推行国标、行标、地标的同时，海口市注重从应对旅游市场入手，把学习实施标准与优化企业内部管理、创新求变相结合，重点引导和培育试点企业主动掌握市场走势，积极探索招徕客源的路径和提升经济效益、规避风险的能力。明光国际大酒店推出“五抓”管理法，即抓教育、抓督查、抓改进、抓交流、抓成效；龙泉海鲜酒楼推出“五常”管理法，即常整理、常整顿、常清扫、常清洁、常自律；民间旅行社针对游客满意度、游客投诉率等要素，制定质量管理目标，对出现的质量问题进行整改，对严重违规的责任人进行严肃处理；康泰国旅编制出《康泰导游讲解词规范》《康泰国旅 VIP 接待标准》等具有企业特色的标准；同享旅行社根据秋冬季接待人群的变化，制定了《老人团接待流程》，要求导游严格按照标准接待老人团，提供更人性化、精细化服务，得到了游客的认可；鹏盛大酒店面对市场变化，注重对酒店的产品和服务进行开拓创新，初步形成了“主打产品附加赠送产品”的模式，避免降价促销的恶性竞争，致力于提升品质，增加回头率，发展忠实客户，实现经济效益和社会效益的双丰收；宝华海景大酒店目前有 39 名内审员，除了负责 ISO 质量体系和环境体系的工作外，还负责企业内部标准体系的编制工作，共编制了 646 项企业标准；黄金海景大酒店、赛仑吉地大酒店为了让员工掌握前台服务、客房服务、餐饮服务、消防安全保障服务等岗位服务操作技能，酒店编写了一套服务操作规范，并邀请电视台进行实景拍摄成片，供酒店员工日常学习，为酒店打造规

范化管理、标准化操作、精细化服务提供镜子；赛仑吉地酒店、龙泉海鲜酒楼面对餐饮客户需要变化，积极探索服务模式，主打婚庆接待服务和精细化、人性化服务，企业经济效益不断提高；海南迎宾馆在编制酒店内部管理标准中增设《沟通见面会制度》，规定每月召开1~2次店方管理层与一线员工沟通见面会，充分听取和采纳员工意见及诉求，改善单位与员工之间的关系；天艺东环酒店实行客房清洁五色布的文化（即蓝色“马桶布”、绿色“洗手盆布”、白色“杯具布”、红色“镜布”、咖啡色“抹尘布”），将不同颜色的抹布进行了分类使用，并制定相关的卫生标准要求员工严格执行，将卫生标准执行到底，杜绝卫生事件的发生。

（六）注重试点，以示范引领全行业实施标准化

为了以点带面，以示范带动和覆盖全面，旅标办在全市范围内遴选了3批180多家涵盖旅游各项要素的旅游企业作为试点企业，有针对性地给予标准宣贯实施的扶持。同时，成立了海口市旅游标准化专家督导组，由专家组负责指导企业内部标准编制工作培训，安排专家深入试点企业具体指导建立企业标准体系。在此基础上，市旅标办会同省标协按照《全国旅游标准化试点企业评估标准》，严格对照标准开展试点企业评估验收，截至目前，共有67家旅游企业通过评估获得“海口市旅游标准化示范单位”称号，市政府对荣获旅游标准化示范单位颁发奖励金。在旅游标准化示范企业的引领下，我市旅游标准化实施工作进一步得到深化。

二、主要成效

（一）形成了一套有效的推标工作机制

通过三年多的旅游标准化工作，我们摸索出了一套行之有效的推进标准化工作机制，即政府主导、部门协作、企业积极参与，多部门、多层次、多主体合理推进我市旅游标准化建设工作。

（二）旅游行业服务质量得到进一步规范和提高

旅游标准化已成为倡导优质服务的风向标。在星级饭店管理上，推出“五抓”管理法，即抓教育、抓督查、抓改进、抓交流、抓成效，从而促进饭店朝着专业化、精细化、人性化的方向稳步提升；在景区管理上，以《旅游区（点）质量等级的划分与评定》标准指导全市旅游景区建设，一批新的景区开业迎宾；在旅行社管理上，越来越多旅行社与科技公司共同开发办公系统，实现网上审批流程，做到了无纸化办公，节约企业开支成本，他们要求各部门在工作中发现的各类问题，需要各部门协助的，及时反馈到系统论坛专区，并由相关部门跟进回馈并整改。同时，为了规范管理，针对近几年呈现的高尔夫游、海上游、自驾游等旅游新业态，我市先后参与编制了《海口市高尔夫旅游服务规范》《海口市海上休闲旅游服务规范》《海口市乡村旅游区（点）等级划分与评定》《旅游饭店安全服务规范》《旅游景区安全服务规范》《海口一日游服务规范》等六项海南省地方标准，海口假日海滩、海口民间旅行社、海南康泰旅行社、观澜湖旅游景区等旅游企业共参与制修订 11 个海南省地方旅游标准。

（三）推动了旅游企业标准化工作机制的完善和创新

作为实施主体的旅游标准化试点企业，在学习贯彻和实施国家标准、行业标准和地方标准的过程中，180 多家旅游试点企业采取多手段方式规范企业内部管理和服务流程，共编制完成企业内部标准 30000 多项，许多旅游企业形成以标准促规范、以标准创业绩、以标准塑品牌的良好氛围。

（四）旅游基础设施不断完善

开展旅游标准化试点工作，加快了旅游公共服务设施建设，进一步完善了城市的旅游服务功能，在旅游标准化试点期间，海口市共建设旅游公厕 80 多座，建设游客集散广场 1 处，建设游客信息服务中心 7 处，城市的品位大幅提升，市民和游客充分享受到旅游标准化带来的便利和快捷。

(五)加快了旅游项目建设

在打造旅游吸引物方面,2012~2015年,全市投资超过亿元的旅游项目达到32个,其中,推进省市考核重点旅游项目共21个,累计完成投资200多亿元。截至目前,已迎客营业或开放的项目:海口观澜湖旅游度假区、红树林乡村旅游区(一期)、观澜湖冯小刚电影公社、天利万豪酒店、希尔顿逸林酒店、香格里拉酒店、复兴城中国香街、海口骑楼老街。琼州风情文化街、骑楼小吃街、白沙门公园、复兴城中国香街、海口骑楼老街陆续荣获3A级旅游景区,海口观澜湖旅游度假区也荣获4A级旅游景区的荣誉称号。

实践证明,我市开展旅游标准化试点工作,创新了旅游行业标准化运行机制,提高了旅游企业管理和服务水平,促进了旅游业的健康平稳发展,提升了“椰城”海口的知名度、美誉度。中央电视台第四频道、《光明日报》《海南日报》《海口晚报》海南电视台、海口电视台、《国际旅游岛商报》、人民网等媒体分别以不同的形式做了报道,其题为《海口标准化得分937分》《海口获评全国旅游标准化示范城市》《海口市荣获全国旅游标准化示范城市》《旅游标准化让椰城更美更有知名度》《海口通过旅游标准化“大考”》《旅游标准化推升海口旅游服务》《海口入选全国旅游标准化示范城市》《标准化带动海口旅游向好发展》《海口旅游标准化建设将全面开花》《标准化规范旅游市场》《旅游标准“化”蛹成蝶》。

BⅢ 专题案例篇

B.10

国际标准在我国旅游业的推广应用

张捷雷

中国的旅游业已进入转型期，无论从市场需求还是从业态发展看，中国正进入观光游和休闲游共同发展的时期。传统业态在升级，一些新兴业态如邮轮旅游、免税业、自由行、旅游文化演艺等开始崭露头角。2016 年中国旅游市场实现平稳增长，全年旅游总收入 4.69 万亿元，增长 13.6%，三大市场平稳增长，其中国际旅游收入 1200 亿美元，增长 5.6%。出境旅游达 1.22 亿人次，增长 4.3%；国内旅游 44.4 亿人次，增长 11%。同时，这对我国旅游业的整体管理水平也提出了更高的要求。20 多年来的实践经验使旅游业认识到“标准化”是推动旅游业快速规范发展的保障。20 世纪 90 年代，ISO9001 来到中国，吸引了大量的酒店、景区投身于此，意在提升管理水平，可持续发展。

本文将对国际标准化组织推出的相关标准进行介绍，并就企业实施标准所获得的效益进行分析。

一、旅游行业中的国际标准及其推广情况

（一）通用型国际标准体系

国际标准化组织（International organization for standardization）是目前世界上

［作者简介］张捷雷，浙江旅游职业学院副教授，硕士，主要研究方向为旅游安全管理、标准化管理、会展管理等。

最大的、最具权威性的国际标准化专门机构，是由131个国家标准化机构参加的世界性组织，ISO是它的缩写。

适合旅游行业认证的通用型国际标准有ISO9001标准，ISO14001标准；由全球数家最知名的标准制度研究、认证机构共同制定的OHSAS18001（Occupational Health and Safety Assessment System）标准（近年内将进入ISO标准体系）。

1. ISO9001 **国际标准**

ISO9000族标准是指由国际标准化组织（ISO）组织所属的TC/176质量管理和质量保证技术委员会制定并颁布的关于质量管理和质量保证的标准的统称，TC/176在总结各国质量管理经验的基础上，特别是日本的全面质量管理（TQM）的实践经验，于1987年发布了ISO9000族系列标准。该技术委员会根据标准的应用情况和管理技术的发展和进步态势，一般每6~7年修订标准一次。目前ISO9001：2015版已经公布。

ISO9000族系列标准的颁布，使各国的质量管理和质量保证活动统一在1SO9000族标准的基础之上。标准总结了发达国家先进企业的质量管理的实践经验，统一了质量管理和质量保证的术语和概念，并对推动组织的质量管理，实现质量目标，消除贸易壁垒，提高产品与服务质量和顾客满意程度等产生了积极的影响，得到了世界各国的普遍关注和采用。迄今为止，它已被全世界100多个国家和地区等采用为国家标准，并广泛用于工业、经济和政府的管理领域，有50多个国家建立了质量管理体系认证制度。

2. ISO14001 **国际标准**

随着社会、经济的不断发展，人口的不断增加，越来越多的环境问题摆在了我们面前：温室效应加剧、酸雨不断蔓延、臭氧空洞的出现、水体不断遭到严重污染、土地大量沙漠化、草原退化、森林锐减、许多珍稀野生动物濒临灭绝……这一系列环境问题中，可以说大部分是由于人类自身行为对自然的破坏造成的。

国际标准化组织（ISO）于1993年6月成立了一个庞大的技术机构——环境管理标准化技术委员会（TC207），开始制定环境管理领域的国际标准，即

ISO14000 环境管理系列标准，并于 1996 年颁布了首批关于环境管理体系及其审核方面的 5 个标准。ISO14000 是一个系列的环境管理标准，其中 ISO14001 标准是环境管理体系标准，它核心思想是“节能降耗，污染预防”，通过能源的有效利用，减少资源的消耗和有害物质的产生。通过对识别的重要环境因素实施控制和检测，对潜在的重要环境因素采取应急准备，对相关方的环境因素施加影响（例如游客、工程承包方），对环境因素进行全方位的控制和管理，实现未雨绸缪，防患未然。目前，ISO14001：2015 版已经公布。

3. OHSAS18001 **标准**

职业安全健康管理体系标准化的提出，根本上出于两方面因素：一方面，随着生产的发展，职业安全健康问题的不断突出。据 ILO（国际劳工组织）统计，全球每年发生的各类伤亡事故大约为 2. 5 亿起，这意味着每天发生 68. 5 万起，每小时发生 2. 8 万起，每分钟发生 475. 6 起。全世界每年死于工作事故和职业病危害的人数约为 110 万（其中约 25%为职业病引起的死亡）。ILO 估计劳动疾病到 2020 年将翻一番。在这些工伤事故和职业危害中，发展中国家所占比例甚高，如中国、印度等，事故死亡率比发达国家高出 1 倍以上，其他少数国家或地区高出 4 倍以上。面对严重的全球化职业安全健康问题，人们在寻求有效的职业安全健康管理方法，期待有一个系统化的、结构化的管理模式。

随着国际社会对职业安全健康问题的日益关注，以及 ISO9000 和 ISO14000 系列标准在各国得到广泛认可与成功实施，考虑到质量管理、环境管理与职业安全健康管理的相关性，国际标准化组织（ISO）于 1996 年 9 月 3 日组织召开了国际研讨会，讨论是否制定职业安全健康管理体系国际标准，结果未就此达成一致意见。许多国家和国际组织继续在本国或所在地区发展这一标准，使得职业安全健康管理标准化问题成为继质量管理、环境管理标准化之后世界各国关注的又一管理标准化问题。为了适应全球日益增加的职业健康与安全认证需求，1999 年 3 月由全球数家最知名的标准制度研究、认证机构共同制定了“Occupational Health and Safety Assessment Series（OHSAS18000）”（职业安全与卫生评价系列），现已颁布了 OHSAS18001。据悉，ISO 将于近年内将其纳入 ISO 标准范围之内。

目前，我国大部分四星，五星饭店及部分三星饭店和知名景区都实施了ISO9001和ISO14001的认证，如自1997年起，连锁酒店宜必思就获得了ISO9001国际标准质量体系认证，后来又实施了ISO14001国际环境管理体系认证，目前该品牌旗下有接近三分之一的酒店获得了ISO14001认证。很多景区和饭店还实施了ISO9001、ISO14001和OHSAS18001的三体系认证。我国颁布的旅游标准也鼓励企业获得ISO认证，如《旅游区（点）质量等级的划分与评定》标准的评分细则中明确规定，通过ISO9001和ISO14001认证的景区可获分值40分，建立体系但未认证的景区可获分值20分。国家旅游局有关人士在参加完第一批4A级景区评审工作后表示ISO9001和ISO14001景区4A级评定活动的促进作用不仅表现在单项加分上，还体现在景区管理活动的井然有序。

我国企业获取这三份证书的顺序基本是20世纪90年代集中于ISO9001认证，2000年ISO14001认证逐渐加入进来，2005年后很多企业选择了包括OHSAS18001在内的三体系认证。正如前文所述，ISO14001关注的是企业行为及生产的产品对（企业）外部环境可能造成的危害和安全风险（如火灾或有毒气体液体的泄漏对人造成伤害，亦对环境造成影响），包括产品包装的丢弃对环境的影响；而OHSAS18001更多的是关注内部环境危险源的识别，工作环境及因素对员工的健康安全的影响。但是在旅游企业中，企业的一部分内部环境既是员工的工作环境也是顾客的娱乐和消费环境，所以可以将ISO14001和OHSAS18001看作是旅游企业内外环境管理的两个方面，两个标准体系一起实施，企业可以更全面地实施环境和危险源的管理。

从标准的实施和认证来看，企业可以同时整合和贯彻这三个标准。ISO9001、ISO14001和OHSAS18001三个标准分属不同的管理领域，但是都遵循了基于PDCA的过程方法管理体系构架，在整体设计中都是从方针目标策划开始到持续改进，都存在文件管理、培训、内外部沟通、法律法规的搜集和评价、内部审核、管理评审、改进等内容。因此，在实施这三个国际标准审核时，IAF（国际认可论坛）鼓励认证机构采用结合审核的方式，避免对企业部门重复审核，提高审核效率。

（二）旅游业中的国际标准

1. ISO 制定的旅游业国际标准

国际标准化组织（ISO）于 2005 年成立了“旅游及其行管服务”技术委员会（ISO/TC228），ISO/TC228 秘书处设在西班牙标准化和认证协会（NENOR）。ISO/TC228 下设“娱乐性潜水服务”分技术委员会（SC1）和“SPA 服务”工作组（WG2）。ISO/TC228 目前共制定了 7 项国际标准，其中《旅游服务酒店和其他类型的旅游住宿术语》（ISO18513：2003）为旅游住宿的术语标准，其余 5 项为娱乐性潜水服务的系列安全标准。在娱乐性潜水服务的系列安全标准中详细叙述了获得 1 级、2 级、3 级水下呼吸器潜水者级教练员资格的必备要求和资格评估方法；并描述了水下呼吸器潜水服务提供商在培训、组织指导获证潜水者、潜水设施租赁三项服务的具体要求。

目前我国尚未有企业实施上述标准的认证。

2. 绿色环球 21 标准

绿色环球 21 标准体系是在 1992 年巴西举行的联合国环境与发展首脑会议上获得通过的《21 世纪议程》的框架下建立的。1994 年当时的联合国首脑会议秘书长、前联合国环境规划署署长、现任联合国秘书长安南的特别顾问——毛瑞思·斯特朗（Mauris Strong）先生提议正式创立世界旅行旅游理事会（WTTC）。从 1999 年起，绿色环球 21 开始独立运作，成为国际绿色环球 21 基金会的一部分。

绿色环球 21 总部在英国，现任主席是 WTTC 的前主席杰弗雷·李普曼（Geoffrey Lipman）先生。杰弗雷·李普曼同时也是世界旅游组织（WTO）的特别顾问。

绿色环球 21 是为旅游业专门制定的标准。标准针对旅行旅游 20 多个行业的特点制定了可测定的指标体系，可以根据旅游行业的特点对企业的管理进行定量的有效评估和审核。针对旅游业的消极影响，明确提出了一系列的要求。如要求企业在旅游项目建设和随后的经营活动中优先雇用当地社区人民；要求优先使用不会产生负面影响的当地旅游产品和服务；要求企业制定可持续发展政策并把该政策向所有利益相关者以及普通公众宣示。

绿色环球 21 的标准体系涵盖四大类，即：

——旅游企业标准（针对旅行社、旅游公司、宾馆、饭店、度假村、别墅、农家乐、果园、主题公园、会展中心、科教娱乐中心、陆海空交通工具及枢纽、体育场馆）

——旅游社区标准（针对旅游区、景区、市县乡镇等行政区）

——旅游设计和建设标准（针对建设中的旅游景点与设施）

——生态旅游标准（针对生态旅游产品）

到目前为止，全球已有 30 多个国家 1000 多家旅游企业与机构开展了绿色环球 21 认证。中国国家环保总局和绿色环球 21 于 2002 年 10 月 15 日签订了在中国推行绿色环球 21 可持续旅游标准体系的合作协议。

中国通过绿色环球 21 认证的单位有四川九寨沟风景区和黄龙风景区、三星堆遗址博物馆、北京蟹岛绿色生态度假村、浙江世贸中心大饭店、九寨天堂旅游度假区、蜀南竹海、深圳圣廷苑酒店等。

绿色环球 21 与 ISO14001 在测评内容上基本相似，以环境影响因素为主，但绿色环球 21 还涉及了职业健康安全等问题，并且是针对旅游业特别开发的标准，通过量化指标体系，对收集到的某个实体的日常运作数据进行分析。但在我国旅游业的推广上不及 ISO 的三个标准体系。

二、国际标准在实施中的效益分析

国际标准在我国旅游行业推行 20 年，各类旅游企业在实施过程中都获得了管理上不同程度的提升，取得了较为明显的绩效。主要有以下几个方面：

（一）管理体系策划在先，加强了过程控制，实现了动态管理

旅游企业具有管理环节多，生产和消费同时性的特点，并且在开发建设和经营过程中存在着很多有害环境的行为，大部分旅游企业属于劳动密集型企业，员工和顾客往往处于同一环境之中。ISO9001、ISO14001 和 OHSAS18001 对整个

管理体系从不同方面进行策划，根据标准的建立原则，如ISO9001的八大管理原则、ISO14001的“污染预防、持续改进”和OHSAS18001“预防伤害与疾病、持续改进”的原则，对于原有的管理流程和方法进行分析，重新整合，加强过程控制，保证每一个环节的工作有序合理地展开，提高旅游企业的运营效率和环境绩效。整个管理体系形成了一个PDCA闭环的管理模式，体系中的各个子过程和步骤，也是无数个小的PDCA循环，通过循环，旅游企业在质量管理、环境管理和职业安全与健康管理等方面形成了一套具有防错与纠错功能的，持续改进的、动态的管理体系，促使旅游企业的管理循序渐进，精益求精。

（二）ISO9001/ISO14001/OHSAS18001提高了管理体制的刚性约束

ISO9001/ISO14001/OHSAS18001管理体系的导入，建立了法制化的内部管理体系，管理者可以利用这个三个管理平台，贯彻管理思想。如酒店成本管理方面，由于通过ISO9001的《分供方评定程序》《物品采购程序》《物品验收程序》等相关文件，使采购物品的各个环节都得到有效控制，大大增加了透明度，从而使采购从临时性、盲目性走向计划化、公正化。据杭州萧山国际酒店统计，标准实施半年酒店总成本控制与上年相比下降了9.4%。再如某公园原来制定了《园林养护规范》，内容覆盖了园林养护的各个岗位，此规范在管理上取得了一定成效，但在进一步深化管理中，发现操作性差，管理规范流于形式，而通过导入ISO9001和ISO14001体系，管理变得清晰容易，公园在草坪喷水、除草，苗木花卉引进，林木护理，农药使用和管理，危险废弃物处理，火灾预防，供方选择等方面做出了规定，并采用责任到人、量化管理、定期记录、纠正预防的管理方法，总结了不少经验，提高了办事效率，节省了经费。管理者不必事必躬亲，可以集中精力于战略发展和新产品的开发。OHSAS18001则为员工和客人提供安全工作和休息娱乐场所，通过持续不断地对酒店日常运行及活动中存在的职业危险源进行辨识，引入合适的控制测量方法和风险预案，以排除或减少职业危险源。

（三）全员参与，增强员工的责任感，提高员工工作绩效水平

无论是ISO系列标准还是绿色环球21，都强调员工对管理体系的参与，也

就是要做好体系要求的本职工作。通过体系的贯彻，对员工的良好培训，增加员工对于企业的信赖和归属感，了解自身工作对于企业的可持续发展的重要性，提升员工的岗位责任感和社会责任感，增强员工的工作满意度，进而提高企业的效益。

（四）ISO14001 标准和绿色环球 21 污染预防、节能降耗的原则，有利于旅游业的可持续发展

ISO14001 标准和绿色环球 21 都强调污染预防，能有效减少环境污染以及对生态资源、人文资源的破坏，如标准要求景区在规划设计时就充分考虑开发项目对环境和生态资源带来的影响，并通过环境影响评价全面考虑到景区建设对植被、动物、景观等带来的影响，在营运过程中可以通过各种方法预防和减少污染，如禁止污水自由排放、林区杜绝偷猎偷伐行为、旺季游客的合理分流、使用环保车以及进行有效的末端治理等。

ISO14001 的预防措施还包括对紧急事件的预警机制，1999 年 10 月，厦门市遭受了 50 年一遇的台风，全市受损严重，但日光岩景区在得知台风来临的信息时，启动了环境管理体系的《应急准备与相应程序》，将损失降为最小，台风过后的第二天就对外开放迎接游客。

在能耗方面，一座建筑面积在 8 万～10 万平方米的大型高层饭店，全年能源的消耗大约为 1.3 万～1.8 万吨标准煤。其能耗量并不亚于一个大型的工厂。同时饭店每天还向外界排放大量的烟尘、二氧化碳、生活污水、废热和垃圾。所以，饭店同样面临严重的环境问题。杭州萧山国际酒店实施 ISO14001 半年，水、电、油三项能源支出绝对额比上年同期减少 80 万元，而这一成绩还不包括客房率上升 13.29% 及大量设施增加的部分。另外，由于目标指标措施落实到位，光纸张与塑制品的消耗就分别下降了 23% 和 60%。这些结果充分说明了 IS014000 以最小的能耗、最小的污染获取最大的经济效益这一特点。浙江世贸中心大饭店通过实施绿色环球 21，能源消耗占产值的比重逐年降低，降低了运行成本。

而不少景区也通过资源的有效利用，加强对废弃物的回收利用，带来了显著的效益。如北京动物园体系运行一年，用水比上一年同期下降 13%，仅节水

一项就节约60多万元，用电、用油及各种材料开支与体系运行前一年比较分别下降了9%、10%和13%。

（五）标准化提升了服务品质，树立了企业形象，同时也打开了市场

无论是通过哪一种体系的认证，在提升内部管理的同时，也一定会给顾客留下深刻的影响，从而树立企业形象。上海浦东香格里拉通过OHSAS18001时，管理方认为这是保护所有代表酒店工作的人员的健康、安全的最好证明，亦承诺了酒店在日常操作中，除保持其一贯高水准的顾客服务外，积极推动职业健康、安全管理工作，再次印证了浦东香格里拉大酒店“以人为本”的企业文化。杭州萧山国际酒店在实施ISO9001和ISO14001后，投诉率比上年同期有明显的下降，下降达20%，而顾客满意率上升到99.2%，比上年同期高出2.1个百分点，同时商务客人比上年增加15%。随着现在游客越来越关心环保问题，ISO14001和绿色环球21的实施，会吸引关注环境的客人，给他们留下良好印象。

我国旅游企业在实施国际标准的管理体系后取各方面的绩效，管理理念得到了更新，管理水平上取得了长足的进步，同时也树立了良好的社会形象。坚持并持续改进将是未来的主旋律，同时通过旅游业的标准化管理对游客施加影响，带动游客在质量、环境和职业安全方面的意识，也是旅游业重要的社会责任。正如一句老话所说：“挑剔的顾客造就一级的企业！”

B.11
全国旅游标准化试点工作的浙江经验

程　钢　刘庆安

自2010年国家旅游局启动全国旅游标准化试点工作以来，浙江省一直积极参与相关工作，数年来试点单位累计3批10家，其中市一级试点单位有绍兴市一家，县一级试点单位有遂昌县、淳安县、安吉县三家，旅游企业则包括横店影视城、海中洲旅业、开元酒店、西溪湿地、神仙居景区五家。值得一提的是，浙江省旅游标准化试点单位还包括唯一一家旅游教育单位——浙江旅游职业学院。浙江省的旅游标准化试点工作给试点单位和区域带来了巨大的社会效益和经济效益，对旅游事业的长远发展奠定了良好的基础。

一、旅游标准化试点工作的成效

（一）促进了旅游业的品质提升和转型升级

试点企业通过制定和推广企业标准，极大地减少了无标服务或低质低价等无序竞争现象，提升了旅游服务的整体质量水平和声誉。开元集团通过制定和推广870余个企业标准，实现了企业管理从人员输出到标准输出的实质性飞跃。目前开元集团已签约管理的酒店已有180余家，其中四、五星级酒店逾56家，

［作者简介］程钢，浙江省旅游局政策法规处处长。刘庆安，中国旅游研究院旅游标准化研究基地研究员，浙江旅游职业学院讲师，博士，研究方向为旅游标准、旅游文化。

旅游服务质量和水平达到国际先进标准，受到行业充分肯定。同时，试点地区通过制定和推广各类旅游标准，进一步引导和促进传统观光旅游向现代休闲旅游的转型。淳安县通过制定和推广《自行车骑行服务规范》《千岛湖巨网捕鱼休闲观光服务规范》《房车营地设置与服务规范》等地方标准规范，开发高质量的休闲旅游产品，从下湖观光发展为湖畔休闲，逐步实现了旅游业的转型升级。

（二）建立健全了旅游服务标准体系

试点地区和企业在梳理和贯彻旅游国家标准、行业标准和地方标准的基础上，制定了一批符合实际的旅游企业标准，构建了涵盖服务通用基础、服务提供、服务保障等内容的旅游服务标准体系。绍兴市作为全域型旅游标准化示范单位，其旅游服务标准体系构建颇具典型意义。一是构建标准化管理体系。自参与示范创建以来，绍兴市制定了《绍兴市旅游标准体系表》，积极谋划“大旅游”的格局，联合旅游、环保、交通、卫生等行业构建了以全城旅游、旅游县（市）、旅游强镇、旅游特色村（社区）、旅游台门（经营户）、旅游企业“六位一体”的地方特色旅游标准体系；二是深入贯彻地方标准。根据创建要求，绍兴市积极在各类试点企业中宣贯《旅行社品质等级划分与评定》《生态旅游区建设与服务规范》《特色文化主题饭店基本要求与评定》《农家乐经营户（点）服务质量星级划分与评定》等 7 个地方标准。截至 2013 年 8 月底，全市共有星级旅行社 23 家，星级农家乐经营户 200 余家，其中四、五星级农家乐 8 家，生态旅游区 4 家，特色文化主题饭店 11 家，更实现了绍兴市五星级旅行社零的突破，成效显著；三是创新制定地方标准。为构建较为适合绍兴市旅游业的标准体系，该市积极鼓励、引导试点县（市）和试点企业创新制定各类具有绍兴地方特色的标准规范。创建期间，在实践的基础上，探索制定了《“四季仙果之旅”采摘基地质量等级的划分与评定》《旅行社老年旅游服务规范》《绍兴乌篷船旅游服务规范》《绍兴市文物旅游开发规范》《绍兴工业旅游景区服务规范》《餐饮业六常精细化管理模式》6 个标准，主持制定了《旅行社安全规范》（LB/T 028—2013）。

此外，参与试点工作的各企事业单位，也都构建了符合自身需要和特色的旅游标准体系。浙江旅游职业学院在标准化试点期间，着力于学院的标准体系建设，所编制的学院标准体系结构完整、合理，逻辑关系清晰，实施与监督规范。学院构建的标准体系包括：基础标准分体系、教学标准分体系、院校管理标准分体系、院校工作标准分体系和社会服务及评价等其他标准分体系，内容涵盖了管理、教学、产学合作等方面，还将国标《企业标准体系表编制指南》《标准化工作导则》等纳入学院标准体系，基本满足学院建设和发展的需要。该校具有创新意义的标准化管理，顺利通过联合国世界旅游组织旅游教育质量体系认证。西溪湿地则编制了包括运行管理保障要素、服务质量要素、产品销售要素、宣传要素和景区建设要素等 5 大体系要素在内的标准化框架，形成了由 629 个标准组成的标准体系，内容全面覆盖了西溪湿地经营、管理、保护、服务等各方面工作。

（三）推进了旅游新兴业态的发展

试点地区和企业通过开展旅游标准化工作，不仅规范和引导产业融合背景下旅游新兴业态的发展，而且通过将相关标准提升为国家标准、行业标准和地方标准的过程，确立了新兴旅游产业的发展优势和标准话语权。绍兴市大力发展果蔬采摘等农业旅游项目，在总结提升绍兴地方标准规范《“四季仙果之旅”采摘基地质量等级的划分与评定》的基础上，编制了《果蔬采摘基地旅游服务与质量规范》（DB33/T 915—2014），已获得浙江省地方标准。淳安则积极发展自行车骑游等运动旅游项目，不仅加大投入建设环湖“绿道”，还通过制定相关服务标准主导产业发展，目前，《自行车骑游服务规范》（LB/T 036—2014）已成为旅游行业标准。

（四）完善了旅游基础设施和服务功能

试点企业通过开展标准化工作，加大了旅游基础设施和配套设施建设的投入，提升了服务游客的能力和水平。西溪湿地在试点期间共投入 4500 余万元进行旅游设施修缮，新增多个码头、自行车站点、生态停车场和星级旅游厕所；投入近 1200 万元全面提升生态监测设施设备；投入近 500 万元初步完成智慧景区综合管理平台建设。试点地区通过对标、贯标等工作，进一步加快了城市旅游基础设施改造升级的步伐，完善了城市旅游服务功能。浙江旅游职业学院校园面积500多亩，新校区完全按照4A级景区标准建设，将一系列基础标准应用到院校基础建设中来，现在该校已经通过4A级景区标准的评定。绍兴市则根据《城市旅游集散中心设施及服务》的标准要求，建成并投入使用三级城市旅游集散中心，建立了覆盖景区、街区和主要交通站场的旅游咨询服务网络；根据《旅游厕所质量等级的划分与评定》和《城市旅游公共信息导向系统设置原则与要求》等标准的要求，新增9个星级旅游厕所，新建完善旅游标识标牌300余块。

（五）提高了旅游经济效益和社会效益

试点地区和企业通过旅游标准化试点，取得了良好的经济、社会效益。绍兴市2012年旅游总收入506.35亿元，同比增长22.3%，接待游客总人数4934.59万人次，同比增长17.84%；今年第二季度，游客整体满意度指数在全省12个地市中排名首位。淳安县2012年旅游总收入70.2亿元，同比增长21.2%，接待游客总人数796.61万人次，同比增长19.6%；旅游服务业对全县GDP的贡献度高达39.2%。西溪湿地2012年旅游总营收1.69亿元，同比增长8.3%；接待游客总人数425.11万人次，同比增长10.3%；缴税额1672.28万元，同比增长5.9%，游客满意率达98.75%。开元集团2012年饭店客房指数为212.59，同比增长20.19%；旗下的酒店管理公司实现主营业务收入8765.6万元，同比增长11.74%，游客满意率92.35%。

二、浙江旅游标准化试点工作的经验与反思

（一）完善的组织领导体系是旅游标准化试点工作顺利推进的重要保障

政府在旅游发展过程中扮演的是主导者的角色，对于标准化试点工作来说，政府部门的决心和意志很大程度上决定了该项工作所能取得的成效。绍兴市作为第二批旅游标准化试点单位，在浙江省旅游局组织总结验收时获得了965的高分，这和当地组织领导有力有密切的关联。绍兴市委、市政府对旅游业发展高度重视，开展全国旅游标准化示范城市创建工作也由其统筹组织。2009年该市

成立了由市长担任组长的“旅游工作领导小组”作为旅游产业协调机构，切实加强旅游工作的协调和指导。试点城市确定后，绍兴市政府在2012年第3次常务会议上，专题研究创建工作，明确了目标和方向；标准化创建工作被写进了2012年和2013年度政府工作报告，并成为市委七届三次扩大会议、市政府七届一次全体会议和全市旅游发展大会等重大会议的报告内容。同年6月正式成立了绍兴市创建全国旅游标准化示范城市工作领导小组，由市长担任组长，市委副书记、市政府分管领导担任副组长，53个市级部门以及6个县（市、区）政府主要领导担任成员，领导小组下设办公室，办公室设在旅委，由旅委主任兼任办公室主任，并在市旅委专门设立了标准化工作办公室，配备和抽调专职工作人员，落实了办公场所和专项经费，配置了必要的办公用具，并制定了相关制度。创建期间，各级领导多次检查指导创建工作，原市委书记张金如调研后，提出“以标准化为契机，加快推进绍兴旅游业大发展、大繁荣”；钱建民书记亲自出席动员大会并作重要讲话；冯建荣副市长作为分管领导，经常研究创建工作，并督查进度和落实情况。试点期间，国家、省旅游局领导对绍兴市旅游标准化工作十分关心，还多次到绍兴指导工作，对创建工作提出了许多宝贵意见，正是各级政府部门组织协调得当、措施有力，才使得创建工作高效推进并最终取得了较为优秀的成绩。

（二）有效的激励政策有利于调动试点单位的主观能动性

综观近年来浙江省开展的旅游标准化试点工作，形式多样且行之有效的激励政策对于相关工作的开展具有非常积极的效果。仍以绍兴市为例，为了推动旅游标准化试点工作有序、有效开展，市政府相继出台了《绍兴市旅游标准化发展规划（2013~2020年）》《关于实施标准化发展战略的意见（2012~2020年）》《绍兴市旅游标准化工作管理办法》等一系列政策措施，对标准化工作的实施提出了指导意见。市创标办与市财政局联合制定并于2012年8月出台了《绍兴市旅游标准化试点企业考核补助办法》，有效激励了试点企业创建的主动性和积极性，尤其对各试点企业制定各类旅游标准具有较好的促进作用。同时，围绕创建工作的三大主要任务，绍兴市政府加大资金投入，试点期间，全市投入标准化创建资金超过3.5亿元，全市10多个部门制定了对旅游标准化工作的倾斜政策。一系列激励政策有效地激发了辖区内参与旅游标准化试点工作的众多单位的主动性和积极性，有利于相关工作深入开展。

（三）加大动员与宣传力度、营造创建工作氛围有利于标准化工作全面推进

较高的社会影响面和知晓率是旅游标准化试点工作得以有效实施的重要保障。对此，浙江省试点城市和企事业单位都取得了丰富的经验。首先是全面部署动员。淳安县一是召开了“全县景区化暨旅游标准化推进动员大会”，由县委书记凌志峰全面动员、部署全县景区化、旅游标准化工作任务，要求按照“贯标、对标、创标”的思路要求，全面实施国家、行业旅游标准，提升旅游业素质和服务质量；二是县旅委、旅游集团、交通运输等相关部门制定本部门创建试点方案，开展创建动员，进一步分解落实创建目标任务，明确了创建单位分管领导和联络员；旅游部门则负责召集景区景点、旅行社、旅游饭店、旅游购物店、旅游餐馆、游船（艇）等企事业单位开展试点工作动员，全面部署旅游行业创建目标，明确各个企业的创建任务，突出试点单位的重点创建项目。绍兴市则由政府召开了高规格的全市旅游标准化动员大会，标准化工作领导小组成员单位和全市旅游企业领导共 300 人参加会议，并邀请国家旅游局张海燕副司长、浙江省旅游局方敬华副局长等上级部门领导亲临会议现场。会上，由市政府一把手与分管领导作动员部署。市委、市政府下发了《绍兴市创建全国旅游标准化示范城市实施方案》，提出“生产标准化产品、建设标准化设施、提供标准化服务”的三大主要任务，明确了标准化试点工作步骤。标准化工作小组相关成员单位按照职能分工制定了各自的工作计划。

其次是制定宣传方案，加强媒体宣传报道。淳安县制定了《创建全国旅游标准化试点县氛围营造方案》，从 S32 高速千岛湖出口至中心湖区旅游码头入城公路一线，在 23 块路牌、6 块墙体上设置了旅游标准化和全县景区化宣传标语；在中心湖区、东南湖区的旅游码头、景区景点悬挂多条宣传横幅；各大酒店的 LED 屏滚动播放旅游标准化形象宣传及本企业推进试点工作宣传栏目；县旅委、县质监及试点单位网站先后开辟了旅游标准化专栏或网页，将试点工作亮点及进度进行在线宣传；县创建办先后向国家旅游局标准化平台编写并发布了 18 份

试点工作简报，新闻稿80余篇，并在《中国旅游报》《杭州日报》及《今日千岛湖》等报刊上发表专刊和报道，县电视台对试点工作进行跟踪报道。绍兴市在《中国旅游报》《江南游报》和绍兴主流媒体上加大了对旅游标准化试点工作的宣传报道，并多次在《中国旅游报》上专版报道创建工作实践与经验；在全国旅游标准化交流信息平台上投送、刊出信息简报83期，并在绍兴旅游政务网上建设旅游标准化创建专栏，及时更新创建信息；在《绍兴晚报》上开设“满意绍兴，标准先行”的旅游标准工作创建专栏，定期宣传旅游标准化工作中的亮点和特色；设计旅游标准化形象LOGO，编印《绍兴市旅游标准化基础知识手册》8000册、宣传海报3000余份，通过“5·19中国旅游日”和“9·27世界旅游日”广场咨询活动，免费发放给市民及各试点企业；举办标准化知识竞赛、导游大赛、饭店技能比武、文明餐桌行动等系列活动，扩大创建参与面，形成了人人关心、人人支持、人人参与的良好氛围。

浙江旅游标准化工作近年来取得了一定的成绩，而和旅游行业快速发展的现实相比，却还有不少可以改进的空间。表现在四个方面：一是旅游标准化体系还有待进一步完善；二是标准化工作的长效机制和标准的持续改进机制还要进一步落实；三是旅游标志标识系统和公共服务设施的建设还要进一步加强；四是参与制定国家标准、行业标准、地方标准的能力和水平需进一步提高。

三、浙江旅游标准化试点工作的未来展望

在前期试点工作的基础上，浙江省旅游标准化下一步试点工作在积极配合国家旅游局旅游标准化相关工作部署的基础上，可以考虑从以下几点着手：

（一）加强对旅游标准化示范单位的指导和督查

旅游标准化工作是持续性的动态过程，试点工作的完成是一个重要节点，但不会是终点。可以考虑继续加强对相关单位的指导和督查，建立健全旅游标准化工作的长效机制，不断规范旅游标准的制定、贯彻、实施、评价和监督，进一步提升旅游整体发展水平。

（二）加强相关工作经验的总结和交流工作

继续加强试点单位之间的交流，及时梳理试点工作中的好做法，认真总结试点工作中的好经验，发挥示范和样板作用，以持续推进全省旅游标准化工作的深入开展。

（三）加强宣传和推广

借试点工作的契机，建立有效的推进机制，通过各种方式广泛宣传旅游标准化工作的成效，激励更多的市县和企业通过标准化手段提升旅游服务品质，促进全省旅游经济的健康发展。

B.12
以国家 4A 级旅游景区为标准的国际教育旅游体验区

——浙江旅游职业学院标准化纪实

任 鸣

自 2010 年浙江旅游职业学院（以下简称“浙旅院”）作为全国旅游标准化（院校类）试点以来，浙旅院坚持以标准为导向，以标准化建设为手段，在教学、科研、环境、安全和保障等方面取得了丰硕成果：全国唯一一所旅游类“国家示范性高等职业院校建设计划”骨干高职院校，唯一一所国家旅游标准化试点院校，第一所通过联合国世界旅游组织旅游教育质量认证的旅游院校，教育部第一批教育信息化试点单位。以国家 4A 级旅游景区为标准的国际教育旅游体验区，已作为浙旅院的一张金名片而名扬国际同业和国内旅游业。

一、旅游标准化试点提供了浙旅院发展的新思路

浙旅院自 2010 年 6 月被确定为全国旅游标准化试点单位以来，在国家旅游

［作者简介］任鸣，中国旅游研究院旅游标准化研究基地首席专家、浙江省旅游标准化技术委员会秘书长、浙江省安全生产标准化技术委员会委员；浙江旅游职业学院教授；浙江省经济规划院高级工程师；主要研究方向为旅游标准化、旅游安全、旅游策划、海洋旅游等。

局和浙江省旅游局的关心和支持下，在浙旅院标准化试点工作领导小组的领导下，在全院师生的共同努力下，以推进“旅游标准化试点单位”工作为重点，创新性地开展了各项工作，在《全国旅游标准化试点工作院校评估标准体系》研制和《浙江旅游职业学院标准体系》编制以及在标准进院校基础建设、标准进院校管理、标准进教学环节、标准进社会服务等方面取得了良好的效果，不仅为浙旅院发展提供了新思路，也为全国旅游院校全面推进旅游标准化工作提供了具有示范价值的有益经验。

（一）加强组织领导，营造标准化氛围。

试点一开始，浙旅院就成立了以院长为组长、各职能部门和各系部负责人等为成员的“浙江旅游职业学院标准化试点工作领导小组”（示范后改为“浙江旅游职业学院标准化示范工作领导小组”），旅游标准化试点领导小组下设办公室、旅游标准化研究所、标准化试点工作信息服务平台等具体实施部门。旅游标准化试点领导小组编制了学院旅游标准化试点工作方案和工作计划，将任务分解到各部门和具体人员。为有效实施各项试点工作，旅游标准化试点领导小组开展了一系列行之有效的工作。

1. 明确标准化工作在学校发展中的定位

在“标准化试点工作启动仪式”上，学院领导明确提出做好标准化试点工作必须统一思想、提高认识，把标准化作为旅院又一办学特色来抓；强调浙旅院标准化试点应“与学院的发展目标和思路相结合、与学院执行各项制度和规范相结合、与学院的培养师资和培育学生相结合、与学院的日常工作要求相结合”。中期验收后，学院又进一步提出了“把标准化渗透到学院的日常工作中，渗透到学院的每一个工作岗位中，贯彻到学院教学、管理、服务工作的每一个环节中”的新要求。

2. 强调工作开展的计划性

浙旅院制定了《浙江旅游职业学院标准化工作规范》，组织标准化专家、主管部门和校督导对浙旅院的旅游标准化试点工作落实情况进行督察。试点期间

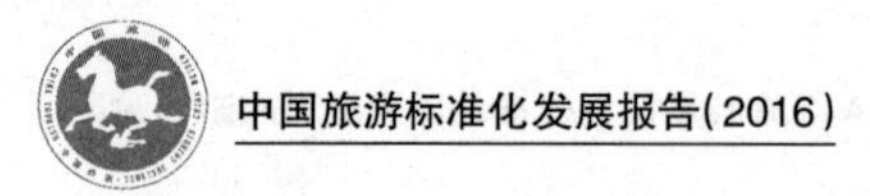

对试点工作检查督促和教学巡视达数十次，初步形成相应的制度。浙旅院把标准化试点工作纳入了全院各部门的年度工作计划中，并作为各部门、教职员工年度考核的主要指标之一。

3. 经常性研究试点工作

在试点工作期间，领导小组召开了 11 次工作会议，部署和指导工作开展。试点工作领导小组定期接受上级旅游行政管理部门的指导，并向国家旅游局和省旅游局专题汇报五次，报送试点工作简报 15 期。

4. 确保资金到位

浙旅院设专项资金支持标准化试点工作。下拨 27 万元，对标准化工作表现突出的个人和部门进行表彰或奖励。并且和浙旅院示范院校建设相结合，投入 55 万专门用于中国旅游研究院旅游标准化研究基地建设。

5. 注重宣传，扩大影响

在试点工作开展期间，注重利用各种层次的媒体进行宣传，在《中国旅游报》、全面推进旅游标准化试点信息交流平台、省局旅游政务网、微博网和学院网等媒体进行了浙旅院标准化工作的信息和进展情况报道；通过旅院新闻栏目、标准化工作专刊、横幅标语、宣传窗、院报和简报等多种形式宣传学院标准化试点工作的情况。同时，在国家骨干院校建设、省级示范中期评价暨人才培养工作评估的过程融进标准化要求，倡导标准化、规范化的高品质教育管理服务理念，进一步扩大浙旅院在旅游教育行业中的知名度和标准化品牌度。

6. 做好“全面推进旅游标准化试点信息交流平台”建设和发布工作

试点期间平台共发布各种信息 1 万余条，点击率超过百万次。顺利完成了全面推进旅游标准化试点信息交流的各项任务。

7. 积极开展标准化培训工作

试点期间，开展标准化知识、专业设置规范模板讲解、标准编制方法等工作培训六次，为行业、企业开展相关培训十余次，并与浙江省标准化研究院建立了合作关系，通过实质性项目合作进一步提升浙旅院标准化的工作力度。

试点期间，浙旅院利用媒介宣贯标准达20多条，完成标准化实物编制文档近400份，完善了校园内的标识标牌系统，各实验室、实训室和综合训练场等严格按标准化要求开展建设，全面营造旅游标准化试点工作氛围。

（二）注重标准实施，规范标准化行为

进行国际标准、国家标准、行业标准、地方标准和浙旅院标准的宣贯、实施是标准化的核心。浙旅院的标准化试点工作紧紧围绕这一核心展开，主要体现在标准进院校基础建设、标准进院校管理、标准进教学环节、标准进社会服务等方面。

1. 标准进学校基础建设

试点期内，正值浙旅院二期工程建设，浙旅院以4A级景区标准来规划、建设、美化校园；学院公共信息导向系统，尽可能遵循国家和行业相关标准；实训实验室建设、教学楼检修等也融入了相关标准。

2. 标准进学校日常运行管理

标准进院校日常管理是目前高职高专前所未有的工作，试点过程中，浙旅院创造性地将标准融入学校管理的各项管理工作，迈出了管理工作规范化、程序化和科学化的第一步。

通过全院努力，浙旅院按试点计划，初步建立起覆盖全院日常管理98%以上的管理标准。草拟了包括院校党政管理、人事师资管理、教学管理、科研管理、学生管理、产学合作管理、继续教育管理、国际教育管理、财务管理、后勤保障管理、资产管理、图书信息管理、安全管理和其他管理在内14个分类的近193个标准，基本满足了院校标准化管理的需要。

3. 标准进课堂教学环节

标准进教学环节，是指标准进人才培养方案、标准进教材、标准化进课堂

(含实验室、实训室)和开设专业标准化类课程。

首先，浙旅院对16个涉旅专业的《专业设置规范》制定了相应的标准，在具体实施过程中又对其他的10个专业进行《专业设置规范》的编制，进而对26个专业的人才培养方案进行标准化重编，形成了目前浙旅院全部专业培养规范的标准化体系。

其次，所有专业基础课和专业课，凡涉及相关标准的，都必须在现编的教材、讲义、教案中加以说明和介绍，在课堂上进行涉及标准的宣贯讲解，特别是涉旅类标准。浙旅院的专业基础课和专业课中涉及相关标准的有95%以上进入了教材、讲义、教案和课堂。2011学年开始还开设3门标准化类选修课程。

最后，以图文形式将与专业相关的国家标准上实验室、实训室墙，以增强学生对标准的了解。

4. 标准进学校的社会服务工作

标准进社会服务是浙旅院标准化试点的重点工作之一。标准宣贯，行业、企业标准化培训，积极参与国家标准、行业标准、地方标准和企业标准的制定是浙旅院进行标准进社会服务的抓手。

相继建立了浙旅院社会服务的管理标准，如：《浙江旅游职业学院行业服务管理办法》《浙江旅游职业学院社会行业服务分配管理办法》；主动与国家旅游局、省旅游局、省技术监督局和相关部门合作，在试点期间分别编制了《全国高级导游考评办法》《旅行社安全规范》《浙江省特色文化饭店评定规范》等标准十余项。

特别需要指出的是，由于浙旅院标准化试点的特殊性和自身试点工作的主动性和创造性，在受到国家旅游局肯定的基础上，浙旅院编制了全国旅游标准化试点院校评估标准。通过近半年的调研、实践，初步制定了由5个分项，21个次分项，87个小项和108次小项构成的《全国旅游标准化试点院校评估表》。

(三) 着力体系构建，树立标准化理念

建立健全院校标准体系是旅游标准化试点的主要任务之一，也是标准化建设的重要标志。试点期间所编制的浙旅院标准体系包含基础标准、作业标准

（包含教学标准体系、管理标准体系、其他标准）、工作标准三个层面。具体内容包括：

1. 基础标准齐全，能基本满足浙旅院的需要

浙旅院的基础标准共分指南、术语与缩略语、符号与标志和通用计量四部分。共有包括国家标准（14个）、行业标准（1个）和自编标准（8个）在内的23个标准组成，能基本满足浙旅院对基础标准的使用。其中《浙江旅游职业学院标准化工作指南》《浙江旅游职业学院标准编制指南》是浙旅院编制院内标准的主要依据。

2. 作业标准齐全、完整，能够满足浙旅院教学与管理的需要

浙旅院的作业标准包含教学标准体系、管理标准体系和其他标准。

教学标准体系包含专业规范、教学规范、实践教学和教学质量监督评价标准，其中52个为专业规范标准，涵盖《专业设置规范》和《专业人才培养规范》，23个为教学规范、实践教学和教学质量监督评价类制度与规范。基本满足浙旅院教学业务的规范需要。

管理标准体系包含党政管理、人事师资管理、教学管理等在内14个分类的193个标准，基本满足了浙旅院标准化管理规范的需要。

其他标准包含无法体现在其他作业标准栏的标准，包括：社会行业服务、社会评价与改进等13个标准，基本满足了浙旅院涉外服务与交流规范的需要。

3. 工作标准体系完整，基本满足我院对工作岗位的管理

浙旅院的工作标准体系较为完整，涵盖了通用工作标准、院级领导岗位工作标准、部门管理层岗位工作标准、基层管理岗位工作标准、教职员工岗位工作标准和其他岗位工作标准，共有通用工作标准38个，岗位工作标准146个，包罗了浙旅院的95%以上的工作岗位，基本满足了浙旅院对工作岗位规范化管理的需要。

通过浙旅院标准体系的建设，不仅大大提高了浙旅院上下对标准编制、标准化意义的认识，更树立了标准化的理念。

（四）关注效果评价

对标准化试点工作的评价是标准化有效延续和标准化事业发展的必要工作，浙旅院在进行标准化实施评价方面进行大胆尝试，提出“科学考量，注重实效，形成长效循环评价”的目标。通过对在校学生和教职工对院校管理标准建设效果满意度评价、在校学生和教职工对院校教学标准建设效果满意度评价、座谈和问卷调查统计结果表明，在校学生和教职工对学院管理标准建设和教学标准建设效果满意度均达到90%以上。

在试点工作总结中，浙旅院人最大的感受是：旅游标准化试点提供了浙旅院发展的新思路和建设管理的新方法。

二、旅游标准化实践创造了浙旅院发展的新辉煌

旅游标准化试点是浙旅院旅游标准化实践的起点，浙旅院从起点开始，坚持标准化的实践，坚持标准化的渗透，更坚持标准化的检验。正是这种坚持，在旅游标准化实践中浙旅院再创新的辉煌。

（一）建成全国唯一一所旅游类国家示范性骨干高等职业院校

国家示范性高等职业院校建设计划是为了提升高等职业院校的办学水平，中华人民共和国教育部启动了被称为“高职211”的“百所示范性高等职业院校建设工程”。

2010年，教育部、财政部联合下发《关于确定“国家示范性高等职业院校建设计划”骨干高职院校立项建设单位的通知》（教高函〔2010〕27号），浙江旅游职业学院成为100所骨干高职院校立项建设单位中唯一一所独立设置的旅游院校，并被列入2010年先期启动建设的40所院校之一，标志着学院综合办学实力走在了全国24所高职旅游院校的前列。

为此，浙江省人民政府与国家旅游局就重点推进浙旅院进行“国家示范性高等职业院校建设计划”，建立省部共建机制，支持与加快浙旅院国家示范性骨

干高职院校的建设。

2010~2013 年间，浙旅院积极利用省部共建的良好办学环境，结合全国旅游标准化试点的建设，借力搞建设、借势谋发展，着力推进三方面建设，一是推进办学体制改革。进一步深化省部共建成果，重点推进办学体制、管理体制、人才培养体制的创新，结合国家级教育体制改革试点项目，探索建立适应旅游业未来发展的现代大学体制，培养国际化创新型旅游人才。同步推进国家骨干高职院校和省级示范院校两大综合配套改革项目，实施“提高中外合作办学水平”教育体制改革试点、全国旅游标准化试点两大国家级专项改革项目。二是建设国内领先专业群。根据骨干院校建设方案要求，浙旅院以建设酒店管理、导游、景区开发与管理、会展策划与管理等核心专业群为重点，实现旅游核心专业国内领先，外沿专业省内领先的目标，以人才优先发展支撑浙江旅游业转型升级。三是建设旅游发展研究中心。积极开展乡村旅游、海洋旅游、低碳旅游、农业休闲旅游等新兴旅游业态以及浙江省旅游经济运行分析与预测研究。开展“百名教师送教下乡（企）”活动。不断提升旅游产业研究和行业培训对区域旅游经济发展的贡献度。

2013 年，骨干建设成果得到国家专家组的充分肯定，以良好成绩通过首批验收，正式被财政部、教育部批准为国家示范性骨干高职院校。初步建成了中国旅游业内有特色、高水平的国家骨干高职院校。

（二）获得世界旅游组织旅游教育质量认证

世界旅游组织旅游教育质量认证，是联合国世界旅游组织 Themis 基金会开展的一个项目。旨在提高旅游教育、旅游培训及旅游研究项目的质量。评估标准包括：评估教学体系的有效性、评估教学体系与实际旅游产业的契合程度和评估学生对该教学体系的认可度。

1998 年，为了更好地提高旅游教育质量从而满足旅游业迅速发展的需要，联合国世界旅游组织教育培训部和联合国世界旅游组织 Themis 基金会联合制定了旅游教育质量认证体系。所谓教育质量认证，即培养单位或培养方案对教育哲学（理念）、行政管理体系、师资队伍、学生全体、教学资源和专业特性等方面的基本陈述，高等旅游教育的复杂性和多维性让其评价十分复杂。经过反复的修正和提炼，世界旅游组织旅游教育质量认证提出了一整套方案和普遍自愿标准，由一系列评估标准构成，其内容包括雇主、学生、教学体系、教职员工和管理五个模块，对旅游教育质量进行评估，适用于任何旅游教育、培训和研究中心。作为最具权威性的国际旅游组织标准，这个认证体系为世界各国旅游教育院校设定了统一的质量标尺，属于全球最高级别的旅游教育质量认证体系，具有极其广泛的国际影响力。

由于世界旅游组织旅游教育质量认证对测量、监控、确认和提高旅游院校的教学水平和学术水平具有重要意义，世界各旅游教育机构都以获得旅游教育质量认证为重要目标。浙旅院在全面实施全国标准化试点建设中，把获世界旅游组织旅游教育质量认证作为重要的标志性成果。

2010 年，联合国世界旅游组织旅游教育质量认证机构组织专家组，通过对浙旅院“教学计划的连贯性；基础设施和教学支持；行政管理的政策、方式以及维护；教职人员选拔的透明度和教职人员职业发展的有利条件；学科项目的内容与旅游业发展需求的关联性。”等分析与评估，核定 6 个专业获世界旅游组织旅游教育质量认证。成为我国第一所通过联合国世界旅游组织旅游教育质量认证的旅游院校。

（三）旅游标准化实践获得系列成果

从 2010 年开始近几年的旅游标准化试点实践中，除了试点本身建设所获得的成果外，影响和助力所产生的成果也不可小觑。

1. 标准化的基础建设初见规模

试点期间，正值浙旅院二期工程建设，浙旅院以 4A 级景区标准来规划、建设、美化校园。到 2014 年，浙旅院占地面积从 260 多亩增加到 580 亩，场所面积增至 38.6 万平方米，建筑面积增至为 20.5 万平方米。学院公共信息导向系统、实训实验室建设、教学楼检修等，在自觉遵循国家和行业相关标准的同时，还编制了符合浙旅院自身特色的相关标准。浙旅院年接待中外游客超过 50 万人次，其中 95%以上为各类研学旅游者，取得了良好的社会效益与品牌效益。

2. 标准化的院校管理增强实力

标准化管理学院，使浙旅院的综合实力得到了大大增强，试点期间：

师资力量：新增教师70多人，其中新增教授11人、副高职称35人。

师资培养：出境培训近200人次；行业企业挂职近百人；成功接对行业师徒53对。

学生人数：从2009年的2574人增至2012年的3392人。

科研工作：获国家社科基金一项，教育部人科文规划基金两项，省部级科研项目21项，厅局级项目百余项；纵横向科研经费超千万元。

3. 标准化的教学环节提升质量

标准化管理教学环节，使浙旅院的教学质量全面提升，试点期间：

学生荣誉：获得省级以上荣誉140多项；

根据麦可思2011年度报告：

- 浙旅院毕业生对母校满意率达到91%（全国高职院校平均为69%）；
- 用人单位满意率达到94%（全国高职院校平均为68%）；
- 就业率达到97%（全国高职院校平均为88.1%）；
- 主要办学指标大幅高于全国高职院校平均水平。

4. 标准化的社会服务增加荣誉

标准化、规范化的社会服务增加了浙旅院的荣誉，扩大了浙旅院的社会品牌度、知名度和美誉度。

在标准化试点期间，浙旅院共承担教育部、国家旅游局、浙江省、杭州市等直接委托课题40余项；各种国培、省培项目百余期；“送教下乡”百余次，培训达13000多人次；派遣万余人次学生参与社会实践和公益活动；同时积极参与地市县区各项规划、策划、赛事服务和各种专项培训。

三、旅游标准化示范激发了浙旅院发展的新“梦境”

2013年，在获得全国旅游标准化试点成功之后，浙旅院在巩固试点成果的基础上，继续实施标准化示范建设，成立了“浙江旅游职业学院标准化示范领导小组”，保持原标准化建设组织与机制，助力浙旅院激发发展的新“梦境”。

（一）建成以国家4A级旅游景区为标准教育体验区

在全国旅游标准化试点期间，浙旅院就计划将学院按4A级景区的标准进行二期建设，并取名为“浙旅院国际教育旅游体验区”。浙旅院国际教育旅游体验区建设，以国家4A级旅游景区为标准，以国家教育旅游示范区创建为目标，以旅游修学文化为特色，发展国际修学旅游、国内文博旅游为主，展现浙江旅游文化特色，弘扬浙江旅游职业学院核心价值观，建设集国际国内修学体验、浙江旅游文博、地方居民体育休闲、高校校园社区游览等功能于一体的、对国内中远程市场具有一定吸引力的、浙江及中国独具特色的著名宜学、宜游旅游区和中国具有较高品牌价值的修学旅游与文化博览教育旅游综合体。

在近三年的打造过程中，浙旅院具体实施了以下措施：

1. 旅游空间整合与功能强化。充分利用学院现有主要的实训设施、功能设施、配套设施，通过空间整合、产品设计、项目创新等手段，形成“一馆，两心，五基地”，即浙江旅游博物馆、南北校区游客接待服务中心、户外运动健身基地、中外文化交流研习基地、美酒美食体验基地、诗画山水旅游演艺基地和航空航海模拟演示基地的空间格局。同时严格限定游览范围和游览时间，确保学院正常教学活动的开展。

2. 创新核心旅游产品。依托浙江旅游博物馆及五大修学旅游基地，形成传统文化研习、文博科教体验、文化演艺欣赏、体育运动休闲、美酒美食体验、校园景观游览六大核心教育旅游产品，并丰富教育旅游的各项节事活动，提高产品的体验性与参与性。

3. 高标准建设各项服务设施。包括进一步推进“美丽校园”建设，提高校园景观质量；依托旅苑酒店完善餐饮、住宿、会议、娱乐等各项功能设施；按照A级景区标准，建立咨询、导览、解说、卫生、安全等配套服务体系。

4. 任务分解与责任考核。学院在创建过程中，组建了创建团队，召开了全院创建工作的动员大会，将创建的各项任务分解至各相关部门，并纳入其年度考核。

经国家旅游局与浙江省旅游局组织的联合考核评审组的层层暗访与评估，浙旅院国际教育旅游体验区，于2013年11月成功创建国家4A级旅游景区（全国旅游院校首个校园4A级景区）；2014年6月，被杭州市旅游委员会列为杭州市社会资源国际旅游访问点；2015年5月，成为国家旅游局公布的首批“全国旅游价格信得过景区”。

目前，体验区已经形成了包括浙江旅游博物馆、浙江智慧旅游体验中心、遂园古建展览馆、高尔夫实训中心、美食体验中心等核心项目在内的“一馆、两心，五基地”空间格局；开发了旅游文化博览、智慧旅游体验、茶文化研学、中西烹饪研学、美食美酒体验、高尔夫运动体验、诗画山水旅游演艺等多项研学旅游产品；每年举办校园美食节、夏季/冬季商品展销会、趣味运动会、亲子读书会、风筝节等丰富多彩的研学体验活动；先后承办了2014年浙江省休闲学会年会、2014、2015年度教育部高职高专旅游类骨干教师国家培训计划、2013~2015年浙江省导游大赛、2013~2015年全国导游大赛、2015年浙江省航空服务技能大赛等旅游行业的学术会议、培训及赛事，接待了法国青年代表团、台湾育达科技大学学生访学团、高雄餐旅大学师生访问团等等。

浙旅院国际教育旅游体验区真正实现了：旅游与教育“无缝对接”的示范性、教学与体验“需求共享”的示范性和传统与国际“互动交流”的示范性。

（二）建成了尽享5A级资源的千岛湖校区

由于千岛湖景区淳安，有密度最高的五星级酒店和豪华酒店。艺龙网和携程酒店预订APP显示，淳安有19家和15家五星级或豪华酒店，这么多酒店，自然需要大量的酒店业相关人才。

2013年起浙旅院与淳安县政府合作，在位于千岛湖东北方向文昌翁家地块，距千岛湖中心城市约12公里，建设规划面积500亩，建设用地约165亩，建筑面积约4万平方米，计划在校生规模1200人以上的浙旅院千岛湖校区。

千岛湖校区分两期实施，一期建设内容包括教学楼、行政楼、食堂、图书馆、教职工宿舍、学生宿舍，建筑面积3.4万平方米；二期建实训楼和体育馆。

目前学校主体工程已全部建成，已于2015年9月迎来245名首批学生入院学习。

千岛湖校区的办学特色可以概括为："精品化、产业化、本土化、国际化"，办学优势体现在两大方面：

第一，千岛湖校区坐拥5A级旅游风景区，加上现代化的设备设施，可以堪称"中国最美校园"。学生宿舍均配备独立卫生间、中央热水供应系统、空调，校内设有餐厅、咖啡吧、学生事务中心、商业街等配套设施。

第二，千岛湖校区是一所按"洛桑模式"打造的酒店管理学院，采用"前酒店后学院的模式"，是职业经理人的摇篮。我院千岛湖校区实行小班化订单教学，注重双语能力、职业素养的培养，致力于培养国际化的酒店管理精英；享有杭州本部相同的教学资源和资助、奖学金等政策，与杭州本部发放相同的文凭。

（三）示范至今浙旅院发展更上一层楼

在标准化示范的近三年，浙旅院各方面都处于平稳增长的发展水平，使各项事业更上一层楼。

浙江旅游职业学院拥有萧山、千岛湖两大校区，共占地1080亩，总建筑面积24.5万平方米。萧山校区为国家4A级旅游景区，千岛湖校区依山傍湖，尽享5A级景区资源，是理想的求知圣地。

浙江旅游职业学院是一所特色鲜明的旅游类高职院校，学院设有酒店管理系、旅行社管理系、旅游规划系、外语系、艺术系、烹饪系、工商管理系、千岛湖国际酒店管理学院、国际教育学院、继续教育学院等11个系（部、院），开设有酒店管理、导游、烹饪工艺与营养、空中乘务等27个与旅游业密切相关专业，其中国家骨干重点建设专业8个，中央财政支持建设专业2个，世界旅游组织旅游教育质量认证专业6个，省级示范重点建设专业4个，省级优势专业3个，省级特色专业8个。

浙江旅游职业学院紧紧围绕旅游办专业、围绕旅游育人才、围绕旅游搞科研、围绕旅游强服务，积极探索育人模式，建成并投入使用中央财政支持职业教育实训基地 1 个、省级实训基地 9 个，拥有中国旅游研究院旅游标准化研究基地、浙江省旅游发展研究中心、浙江省休闲观光农业研究培训基地和国家职业技能鉴定所、浙江旅游博物馆等机构，设有旅苑酒店、旅苑旅行社、旅苑会展公司等“旅苑”品牌系列“校中店”。校企合作方面，学院先后与省内 50 多个旅游重点县（市、区）和迪拜帆船酒店、世贸君澜集团等 180 多家国内外知名企业签订合作协议，与宋城集团、西溪湿地国家公园等企业共建了 8 个企业制学院，初步形成以省部共建为重点、局校共建为支撑、“1+6”校企（地）合作工程为平台的多方联动式办学机制。

浙江旅游职业学院秉承“励志、惟实、博爱、精致”的校训，致力于打造国际化的教育环境和高品质的教学团队。学院现拥有教育部批准的中外合作办学项目 3 项，是浙江省第一所具有招收外国留学生资格的高职院校，同时也是在校学生赴国（境）外学习研修、实习就业、交流访问人数最多的高职院校，已形成“开放多元、国际融合、文化分享”的国际化办学机制。

截至 2016 年 10 月，学院现有全日制在校生 11177 人，在校留学生 39 人，专任教师 424 名，拥有副高以上职称教师 145 名，“双师型”教师占 90%以上。学院拥有国家级教学团队 1 个，省级教学团队 2 个；国家社科基金项目 2 项，省部级科研课题 71 项；国家级教学成果奖 1 项，省级教学成果奖 6 项；国家级精品课程 3 门，国家级精品资源共享课程 2 门，省级精品课程 19 门。

“蔚为大观，浙旅有成。”浙江旅游职业学院正走在“依托行业、产学结合、接轨国际”的特色之路上，致力于培养有社会之责任、敬业之精神、博爱之胸怀、国际之视野的旅游英才，借助于旅游标准化的基础与保障，努力建设成一所有特色、高水平的示范性旅游高等院校，打造旅游教育的“中国品牌”。

B.13 杭州社会资源国际访问点标准化实践

梁 兵

社会资源国际旅游访问点（以下简称“访问点”）是杭州市旅游委员会2005年就开始建设的项目，在经历了近十年的实践与发展之后，杭州市已拥有117家访问点。这些访问点以“原生态”为原则，让国内外游客感受到最真实的“杭州味”，并作为旅游国际促销的一个重点和亮点，增强了杭州在国际市场上的竞争力和吸引力，已成为杭州旅游城市的新名片和旅游经济新的增强点。

一、访问点标准化建设背景

随着越来越多的社会资源与旅游产业融合，如何从设置、服务规范入手，对已有和大量潜在社会资源点进行有序监管，已成为旅游行政部门亟待解决的核心问题。为此，杭州市旅游委员会会同杭州市技术监督局、中国旅游研究院旅游标准化研究基地及部分访问点，共同启动编制了《社会资源访问点设置与服务规范》（以下简称《规范》）。《规范》将从访问点的设施配置、环境、服务与管理的准入条件与规范要求为基点，通过访问者满意度差异、专家评审和综合评估，形成不同类型与级别、不同接待质量及能力的访问点，有助于促进访问点的科学管理和规范发展。

［**作者简介**］梁兵，浙江旅游职业学院，硕士研究生，副教授，研究方向：旅游语言文化、旅游标准化。

《规范》严格按国家对服务业标准化的要求进行实施，将通过《规范》的编制计划、组织起草小组、调研论证、编写标准草案稿、征求意见、编写标准送审稿、专家审查、试点、编制标准报批稿、标准审批发布以及宣贯实施等一系列流程。目前《规范》已完成征求意见草案稿，现正进行征求意见与试点工作。本文拟简述《规范》编写思路、主体框架以及试点工作等实践活动，为大家提供可资借鉴的标准编制路径和方法。

二、编写《规范》草案稿

编写《规范》草案稿，我们经历了制定《规范》编制方案、成立起草小组、调研论证、确定编制大纲、编写征求意见草案稿等环节。

（一）制定编制方案，确定起草小组

为有序编制《规范》，并能较快成为实效的地方标准，我们在总结以往已有经验的基础上，就《规范》的编制制定了详细的总方案，总方案包括：总编制流程、调研方案、编写方案、初稿征集意见途径、初稿修改、专家咨询与评审方案和审核形成地方标准。

1. 绘制总编制流程

我们就《规范》的总体编制按照国家对标准编制的要求，结合浙江省和杭州市对地方编制的具体规范，绘制了总编制流程（图 3-1）：

2. 确定调研方案

调研工作是《规范》编制是否接地气和具有可操作性的重要工作，为此，总方案中规范了：调研对象、调研方式和调研重点，形成调研方案。

3. 制定编写方案

对如何进行《规范》的编写，总方案中就编写重点、编写原则和编写难点

内容等作详细的要求。

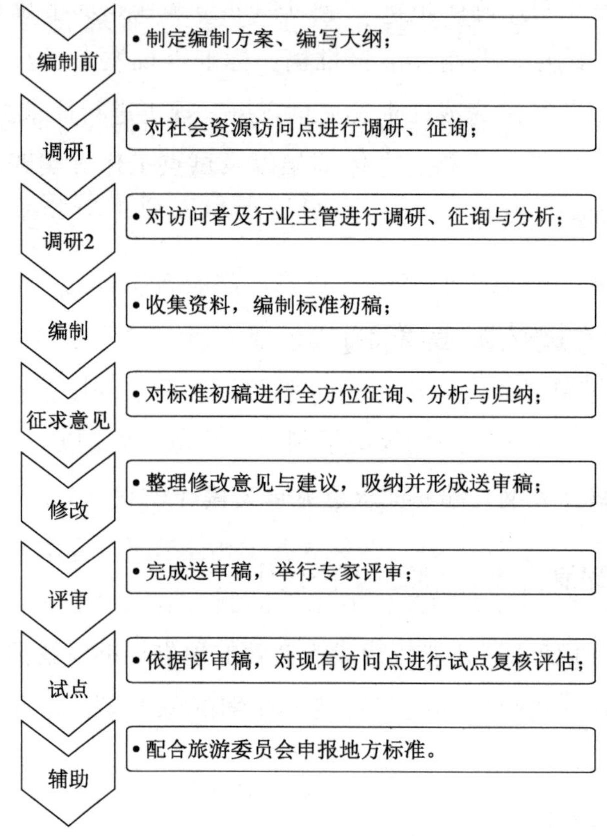

图 3-1　《规范》总编制流程

4. 确定了其他事项的具体要求

总方案还对初稿征集意见的途径与方式、初稿修改的方法、专家咨询与评审的人员对象、形式方法等做了具体方案、对如何配合标准审核职能部门和专业委员会的评审与形成地方标准提出建议。

总方案翔实、细致，具有极强的可操作性和有效性。为了有效实施总方案，组成由杭州市旅游委员会和杭州市技术监督局相关主管部门领衔的标准修订领导小组，领导小组内设立调研组和编写组。调研组负责标准编制前的意见、建议收集，对编制初稿的意见征集和反馈；编写组负责标准的编制和修订，并明确责任人、目标、质量要求与任务完成时间等。为确保《规范》顺利完整提供了组织保障。

（二）进行调研分析，确定编制大纲

根据调研方案要求，我们采用了专题会议调研、电话与特别访谈、问卷调查和交流座谈等方式。对多种类型的访问点、访问者、旅游及访问点相关主管部门进行调研。调研内容包括：

（1）重点调查现有社会资源访问点目前针对访问者的硬件配备、人员配置和服务流程及规范等情况；调研对编制标准及实施标准的建议与意见。

（2）重点调研现有社会资源访问点的运营模式及管理保障情况，特别就如何通过流程管控来保证从旅游咨询、旅游接待、投诉处理、应急救援到形象展示、延伸服务等旅游服务的实施情况。

（3）重点征询访问者的实际访问点体验感知与预期质量，获取访问者普遍的最佳期望建议与意见。

（4）重点征询旅游、访问点主管部门及相关人员对编制标准、监管实施的建议与意见。

其中，问卷调查主要针对访问点目前到访的国内外客人，我们根据游客客源国情况，将问卷翻译成了英语和韩语，共回收有效问卷1000份，其中韩文问卷300份，英文问卷500份，中文问卷1200份。对中文与外文问卷分别进行统计数据分析。

通过不同渠道的调研我们发现，访问点的设施配置、环境、服务与管理水平都存在不足，其中比较突出的是总体服务水平和质量偏低，专业人员总体素质不高，项目缺乏特色、参与性不高。同时，访问点对提升服务质量的需求比较热切，希望尽快有规范的标准，以满足政府制标、企业参标、访者对标和主管督标的各方需求。

在充分调研的基础上，我们确定了《规范》的编制大纲，明确以设施配置、环境、服务与管理要求、社会与经济效益等，作为评估访问点的主要指标。

（三）注重实用实效，形成草案文稿

在编制大纲的领引下，依据编写方案的具体要求，我们在坚持依法、实用、

统一与协调的原则基础上。强调编制的主文本简要实用，各种具体评价由附录详述和要求。着力在设施与人员配置、服务要求、管理要求、监管要求和评估指标上作具体规范。

经过数十次的访问点意见征求和修改，特别是对十几个不同类型访问点的试评估，初步形成了包含：九部分 49 条的《规范》正文，拥有一个六大项 80 个小项（其中包括 8 个必备小项）的访问点评分表组成的征求意见草案稿。被试点打分的访问点普遍表示《规范》草案具有良好的实用性，如果全面按《规范》实施一定能为访问点产生实效，并愿意积极配合主管部门实施《规范》。

三、下一步试点设想

标准能否促进被标准对象的建设与发展，特别是能否给被标准对象产生社会或经济效益，那必须通过具体试点（实践）才能见分晓。为此，我们根据总编制方案制定了试点具体工作方案。

（一）提出试点工作目标

为搞好试点工作，我们提出了“杭州社会资源国际访问点标准化试点是《规范》实施的基础，本试点将建设一批在组织机构管理、硬件设施、服务水平、日常管理等方面都具有引领意义的示范点，试点着力提升杭州国际访问点的总体服务质量，并充分发挥试点辐射作用，促进杭州国际访问点可持续快速发展”的工作目标。

特别指出以《旅游法》《浙江省旅游条例》《杭州市旅游条例》《杭州社会资源国际访问点设置与服务规范》等为工作依据。

（二）规定试点区域与实施主管

方案明确本次试点工作的实施地区为杭州市所辖行政区域。同时确定实施主管部门为：杭州市旅游形象推广中心、各区、市、县旅游主管部门。

（三）详细制定工作时间与步骤

试点具体工作的时间为：一年。

试点工作分三个阶段实施：

1. 准备阶段

（1）成立组织机构：成立标准化试点项目领导小组及工作机构。

（2）试点申报：有意参与试点工作的访问点填写《杭州社会资源国际访问点标准化试点单位申报表》，经由各区、市、县旅游行政管理部门汇总，报杭州市旅游形象推广中心。

（3）集中筛检：拟按照《规范》评估表的必备项条件筛选10余家访问点作为试点单位，筛选工作以多样化为原则，注重不同类型国际访问点的均衡。

（4）公开发布：试点单位由杭州市旅游委员会发文公布。

2. 实施阶段

（1）召开试点动员大会：由杭州市旅游形象推广中心组织试点动员大会。内容包括：动员、签署责任书、标准宣讲。

（2）标准宣贯：由编制专家进行集中培训，主要包括标准宣讲和评估表宣讲。

（3）指导实施：组织专家对试点单位进行现场指导，根据具体情况填写《杭州社会资源国际访问点标准化试点项目指导记录》。

（4）中期检查：由市旅游形象推广中心组建专家组，对试点单位进行中期检查，按评估表打分评价。

（5）整改提升：专家组根据中期检查情况，提出整改意见。

（6）自我评估：各试点单位开展自我评估工作，并完成《自评报告》和向市旅游形象推广中心提出《申请验收报告》。

3. 总结阶段

（1）终期验收：根据各试点单位的《申请验收报告》，由市旅游形象推广中心组织各试点地区旅游行政主管部门、中国旅游研究院旅游标准化研究基地及相关专家按《规范》评分表要求进行终期验收。

（2）发文通报：根据终期验收情况，由杭州市旅游委员会发文通报各试点单位验收情况并公布获得示范点或推荐点单位名单。

（3）总结授牌：由杭州市旅游委员会组织召开试点工作总结授牌大会，对推荐点和示范点进行授牌，交流、总结试点工作经验，市旅游形象推广中心部署全面推广《规范》的工作任务。

（四）强调工作保障

1. 加强组织领导

杭州市旅游委员会成立以委分管领导为组长、各区县市旅游行政管理部门分管领导为成员的试点工作领导小组，协调解决试点工作中出现的矛盾和问题。各区县市旅游行政管理部门要加强对试点工作的组织领导，建立相应的工作机构，选派专人负责推进试点各项工作，着力研究和解决试点过程中出现的问题。

2. 注重政策引导

为确保试点工作顺利开展、提升访问点参与试点工作积极性，由市旅游形象推广中心负责统筹试点工作的政策引导，各区县市旅游行政管理部门应制定适合辖区实际的配套措施。

3. 强化协调沟通

各试点单位要加强与当地旅游行政管理部门和专家组协调沟通，争取相关部门对试点工作的支持和帮助，确保试点工作取得实效。

4. 建立评估机制

市旅游形象推广中心要建立由行业专家组成的试点工作评估小组，为试点项目提供咨询服务，并在试点项目的若干关键节点进行跟踪指导与评估，及时总结经验教训，为试点项目的顺利实施和访问点服务模式的进一步推广提供技术支撑。

5. 加强信息报送

各试点单位要善于总结经验，及时收集整理试点工作相关信息并及时上报。试点工作的有关情况要及时上报市旅游形象推广中心。

6. 注重媒体宣传报道

应注重对此次试点工作各个环节的宣传报道力度，对于动员会、总结会等重要环节，应该广泛邀请媒体进行报道，以扩大杭州社会资源国际访问点的影响力，也为真正提升杭州社会资源国际访问点服务质量提供监督。

通过这样的试点，我们可以相信，不仅对《规范》内容进行了全方位的检验，也是对访问点实施标准、主管部门宣贯与督查标准的有效尝试与经验积累，有助于《规范》的全面推广与实施。

四、编制体会与感悟

通过《规范》的标准化实践，我们有不少的体会与感悟，总结起来大概有以下几个方面：

一是标准的编制是一项系统工程，需要综合而全面的设计与策划；需要有完整的计划与实施方案；

二是标准的编制内容必须来自于实践。来自于被标准的实际需求；来自于制标者的期望；来自于参标者的自觉参与；来自于被服务者的督标。

三是标准的条款必须精练实用。标准编制的条款不宜过多、过繁，以简洁明了、通俗易懂和实用为主线，应坚持标准正文言简意赅，附录内容翔实、可度量。

四是标准的编制必须严格按国家标准制定的程序进行，没有捷径可走，否则必然是欲速而不达。

五是标准编制必须坚持边编写、边调查、边试用的有效方式，使内容更接地气。

六是旅游标准编制必须组织由编制专家、主管部门、行业专家、被标准对象和被服务者代表参与。使编写的内容能真正顾及标准涉及的各方需求，便于标准的宣贯、实施。

总之，经过《规范》的标准化实践，为完善《规范》文本和提高《规范》对访问点的指导与建设起到了积极的推动作用，同时，也切实提炼了我们做好标准编制的经验，大大提升标准化工作的水平，增强了与访问点之间的联络与感情，为下一步全面实施《规范》打下了坚实的基础。

B. 14
服务网点标准化建设助推旅行社品质提升

边喜英

杭州市旅行社服务网点标准化建设项目从 2012 年开始，在全国领先制定了 DB3301/T 009—2013《旅行社服务网点设置与服务规范》标准（该标准 2013 年 6 月颁布，国家标准 LB/T 029—2014《旅行社服务网点服务要求》2014 年 7 月颁布），全国唯一的城市推进服务网点标准化项目建设，经过 4 年的不断探索实践，取得显著效果，为传统旅行社在散客市场、“互联网+”的形势下探索出了新的发展之路。

一、建设背景：服务网点标准化工作逆向起步

随着中国经济的发展，国民收入增加，国家对旅游产业的扶持，旅游慢慢成为深受国民青睐的休闲方式之一。中国旅游业迎来了一个快速发展的新时期，散客市场急速升温，旅游业发展迅速，在线旅行商从原来的机+酒改为综合旅游业务发展，OTA 价格战打得火热，互联网的便捷导致消费者“线上”购买旅游产品的需求激增。整个旅行社的行业发展重线上、轻线下，重渠道、轻服务，重团队、轻散客，重平台、轻实体，2012 年杭州旅行社服务网点标准编制项目

［**作者简介**］边喜英，杭州旅行社服务网点标准化建设项目负责人，学士，讲师，主要研究方向为旅游标准、服务网点、旅行社计调等。

启动时，各方各界对建设实体营销渠道服务网点的极不看好。《杭州日报》2012年有一则新闻《门店，要不要?》道出了部分业界人士的心声。

在此背景下，杭州市旅行社服务网点标准化课题组意识到在巨大的散客市场的发展中，面与面的交流方式增加旅游者的信任度、感知度，一直占据不可替代的位置，实体渠道的规范能够提升旅行社的服务品质，深化行业管理的质量。故2012年由杭州市旅委发起，杭州市技术监督局支持立项，各级职能部门配合，企业主动参与，制定了《旅行社服务网点服务规范标准编制及逐步推广》的建设思路，旨在通过服务网点服务规范的改变，提升旅行社企业服务品质，从而稳定提升散客旅游市场服务质量。

二、建设依据：DB3301/T 009—2013《旅行社服务网点设置与服务规范》

《旅行社服务网点设置与服务规范》（DB3301/T 009—2013）于2013年6月颁布，该标准是杭州市颁布的第一个与旅行社相关的标准。

1. 标准主要内容

《旅行社服务网点设置与服务规范》为首次制定，与有关法律、法规和强制性标准协调一致。该标准以科学、客观、合理、适用为原则，制定过程本着科学严谨的态度，在对电信、银行、航空等服务行业广泛调研的基础上，依据现行相关国家标准、法规文件，结合杭州市旅行社服务网点运行现状而定。

该标准分别从基本要求、服务要求、管理要求、工作流程等方面，对于旅行社服务网点的硬件和软件、服务、管理等方面提出了具体要求和指导，内容详尽、切合实际，具有可控制、可操作性。

（1）基本要求

对旅行社服务网点设立并开展业务提出的最基本要求，分别从环境与空间、标识与设施、人员等方面进行规范和要求，保证服务网点作为旅行社企业品牌展示、服务支撑、业务销售的平台形象。

（2）环境和空间

服务网点的环境需满足旅游者对空间环境的舒适感知度，既要符合一般性公共场所的环境要求，又要体现旅游业特色。功能区域建议划分公示区、接待区、自助区、休息洽谈区、业务推广区等，给旅游者提供舒适的咨询、休息功能，给工作人员创造销售的平台。

（3）标识与设施

设施设备是满足旅游者办理业务的基本需要，按照旅行社服务网点的规模大小和接待能力的不等，要求服务网点配备的设施不等。必须设立的设备有营业时间牌、低矮柜台、顾客座椅、宣传资料架、计算机、复印机、打印机等；在扩大客户感知度的基础上有条件设立视频播放系统、残疾人通道、保险柜、防盗报警设备、LED 滚动屏、扫描仪等。

（4）人员要求

人员是服务网点运营的灵魂，工作人员的素质体现了服务网点甚至旅行社、旅游行业的素质，该规范分别从知识素质要求、服务礼仪、服务态度、服务语言等方面提出了要求。

（5）服务工作规范

服务是与顾客接触层面发生的活动，工作流程不清晰往往会导致工作效率低下，招致顾客不满与投诉。在本标准中将服务网点的咨询、受理、投诉、退团退费等各类型的业务接待，用简明清晰的工作流程图展现的工作步骤，详细文档解释规范要求，使服务网点的工作人员了解日常工作内容，掌握工作步骤，提升工作效率与服务质量，深化了员工对服务规范的理解，减少了工作人员服务随意性，提升了岗位人员的工作技能，体现了标准化服务要求。可用于企业培训员工、监督部门考核服务质量的依据。

（6）管理要求

旅行社服务网点应严格遵守《旅行社条例》的规定，按照统一管理、统一财务、统一招徕、统一服务咨询规范的原则，确保依法从事经营，该项目分别从人事、销售、日常、安全方面对于服务网点的管理者提出了具体要求。

2. 项目推广目标

服务网点通过标准化建设，在现场管理、工作管理、安全管理、工作流程等标准化管理和个性化服务五大方面提升整体服务形象和高效的运营管理。

（1）现场管理标准化

服务网点作为企业品牌文化宣传及内涵展示的主要阵地，从设置要求、环境与空间、标识与设施规范等要求旅行社各个服务网点统一，从旅游者感知的第一印象、第一视觉、第一感觉等客户服务接触点进行形象规范打造旅行社品牌形象，从而提高旅游者的品牌归属感和忠诚度。

（2）工作管理标准化

会议管理标准化：要求定期召开班前会、例会、培训会三个会议；台账建设标准化：要求有咨询、班前会、例会记录、月总结四个台账。

（3）安全管理标准化

安全是服务质量提升的根本，生命财产的有力保证。要求根据公司实际情况制定服务网点的安全管理制度和突发事件应急预案。

（4）工作流程标准化

建立标准化的工作流程，分别用流程图和文字指导员工“做什么”“如何做”，极大地节省服务网点培训及管理成本，提高工作效率。

（5）个性化的服务满足旅游者需求

规范工作流程突出的是标准化与原则性，员工执行时突出的是个性化与灵活性，标准化规范加个性化服务，使旅游者感知提升。

三、建设过程：服务网点标准化建设三年稳步推进

1. 第一年组织专家团队，编制地方服务标准

杭州市旅游委员会于2012年年初提出的地方标准制定项目，杭州市质量技术监督局2012年6月18日颁布《关于印发2012年度杭州市块状产业和服务业标准化项目计划的通知》（杭标准办〔2012〕07号），下达了《旅行社服务网点

服务规范》杭州市地方标准的起草制定任务。浙江旅游职业学院、中国旅游研究院标准化研究基地、杭州市旅游委员会、杭州市旅行社行业协会等单位组织人员成立课题组，共同编写该标准。

（1）成立领导小组，确定起草团队及工作计划

根据杭州市质量技术监督局发布的《关于组织申报2012年度市级服务标准规范和市级服务业标准化试点项目的通知》（杭质标〔2012〕51号），成立领导工作小组，研究确定起草人员，同时编制工作计划，明确工作步骤和人员分工及完成标准起草的时间表。

（2）广泛调研走访

起草小组广泛调研走访银行、电信、航空等现代服务行业的营业现场，体验、调研各行业服务网点的服务水平，搜集相关行业对于连锁营业厅的各类规范和要求。

项目组抽取杭州市内大中小型旅行社，调查服务网点的服务水平现状及对于规范服务的需求。通过调研发现，旅行社服务网点的服务水平参差不齐，现状不容乐观，企业管理者对于规范服务需求迫切，但对于服务质量的提升途径及标准处于困惑，课题组在调研的基础上及时分析我市旅行社服务网点的服务不足，提出服务规范的标准编制框架。

（3）起草初稿，征求意见多次修改，形成地方标准

在大量实地调研的基础上，课题组于2012年8月起草完成《旅行社服务网点服务规范》初稿。初稿主要明确本标准所涉及的旅行社服务网点的设施与设备要求、人员要求、窗口服务、安全要求和考核与监督等事宜。

2012年10月至2013年3月之间，课题组在完成初稿的基础上，走访调研征求杭州市有代表性的旅行社企业、服务网点、浙江大学旅游学院、中国计量学院标准化院、浙江旅游职业学院、浙江工业大学之江学院、杭州市委员会质监所、杭州市各县区各级旅游管理部门、浙江旅游标准化院等企事业单位的管理人员、从业人员、专家等近百人的意见和建议，数次修改完善标准，在遵照相关法规的基础上，按照旅行社服务网点的“统一管理、统一财务、统一招徕、统一咨询”的原则，对于服务网点从销售、宣传、财务、人事、安全等方面进行统一管理，确定该标准的内容。

经过课题组同心协力，市技术监督局的大力支持，该标准于2013年4月顺利通过专家评审，于2013年6月20日正式颁布实施。

2. 第二年树立样板，抓好标准试点建设单位

2013年6月由杭州市技术监督局颁布的《旅行社服务网点设置与服务规范》(DB3301/T 009—2013）是杭州市与旅行社行业有关的第一个标准，为旅行社服务网点的标准化提供了建设性基础。杭州市旅委和旅行社行业协会进行了充分酝酿和周密计划，2013年下半年提出了实施《旅行社服务网点标准化试点项目》的方案，旨在围绕该地方标准对杭州市旅行社服务网点的硬件设施、软件服务、管理水平等进行规范和提升。通过“政府发动、协会引导、企业落实”三者上下一致、高效联动的方式，着力推进旅行社行业标准化建设，提升行业形象，夯实行业品牌软实力，从而助推旅游产业的提档升级。

（1）成立工作小组

项目立项后，杭州市旅委行管处立即组织行管处、杭州旅行社行业协会、中国旅游研究院标准化研究基地、浙江旅游职业学院、各县（市）区旅游科等单位，成立以行管处处长徐连宏为组长、副处长金迪飞、旅行社行业协会陈锦荣为副组长，边喜英、池静、李钟钟、包钢、胡剑红、杨佳、臧晓琴、胡燕芳等人员组成的试点工作领导小组。

（2）制定实施方案

按照《关于开展杭州市旅行社服务网点标准化建设试点工作的通知》和《规范》的要求，制定了《旅行社服务网点服务规范评定评分表》和《旅行社服务网点标准化建设试点工作方案》（下称《方案》），《方案》分别从指导意义、目标任务、工作安排和要求等方面提出具体安排，确定试点项目建设工作按照时间顺序分为启动、试点、推广三个阶段，对各项实施工作明确任务内容和负责到具体单位与人，特别对试点单位建设明确从学习宣贯《规范》入手，通过自愿报名参加试点、试点工作领导小组认定、参加培训学习、初查、整改、提升培训、终期验收等环节，才能成为杭州市旅行社服务网点示范单位。

（3）企业服务网点申报

方案制定后，2013年12月发布了《关于开展杭州市旅行社服务网点标准化建设试点工作的通知》（杭旅行管〔2013〕191 号），开始了全市范围内积极申报试点单位的工作。有意向的旅行社企业自愿向主管的县区旅游管理部门申报，再由各县区主管部门推荐，最终汇总到旅委行管处，经过初步遴选，共计有 20 家旅行社、31 个服务网点参与。

（4）确认试点建设单位

根据上报单位的情况，按照以下 6 项原则进行选拔：1. 必须是星级旅行社；2. 排名在 20 名以内；3. 服务网点营业面积 80 平方米以上；4. 服务网点门面要临街面；5. 专职服务网点人员数 3 名以上；6. 各市（县）、区原则定一家。试点工作领导小组经过充分讨论，确定以浙江省中旅中山中路服务网点等 11 家单位作为旅行社服务网点标准化试点单位，并确定服务网点标准化启动较早的浙江中青旅“体育场路服务网点”作为样板店单位先行建设。

（5）样板店先行建设

样板店建设是标准化试点项目中的“领头羊”，是试点中的样板，它的建设是以后全市旅行社服务网点建设的“标杆”，对整个试点项目的有效实施具有十分重要的意义。为此，试点工作领导小组在确定将浙江中青旅的“体育场路服务网点”为样板店建设单位后，与浙江中青旅一起，制定了样板店建设方案。经过试点实施前近三个月的建设，在浙江中青旅的大力支持和样板店员工的共同努力下，改善了服务网点的硬件设施，进一步规范了工作流程，提高了服务品质和水平，同时建立了旅行社服务网点的管理台账，为试点工作塑造了“形象”样板。

（6）召开启动大会

2014 年 3 月 2 日上午，“旅行社服务网点标准化试点项目”建设启动大会在湖光饭店会议室举行，参加会议的有杭州市旅委副主任卓主任、市技术监督局标准化处许副处长、市旅委行管处、各县区旅游局负责人、旅行社行业协会、试点工作领导小组成员、试点单位领导及店长等近 200 人。在明确了标准化试点项目的重要意义后，由试点旅行社企业代表与旅行社行业协会签订了“标准化试点项目工作承诺书”。

（7）组织学习及培训

3 月 2 日下午，组织各县市区旅游管理负责人、各试点单位的店长和骨干，参观样板店—中青旅体育场路服务网点，然后由《杭州市旅行社服务网点服务规范》的主要起草者，中国旅游研究院标准化研究基地专家和浙江旅游职业学院老师分别从服务网点的地位、规范作用、评比表等方面进行培训，明确标准化试点单位的建设进度和要求。

（8）初检重点检查基础项目

培训后各试点单位对服务规范和试点单位建设进行宣贯、实施，2014 年 4 月底，监督实施组、联络协调组和培训指导组联合组成检查组，按照试点工作计划对试点单位进行了初检，主要对项目建设评分表中的十大否决项进行检查，经过两天、数百公里的跋涉和 11 场次的实地检查，发现各试点单位均召开了服务试点工作的启动会议，并结合评价表实施了《规范》中的要求，建立了相应的管理台账。检查组向 11 家试点单位书面反馈了初检意见，特别针对部分旅行社网点的标识不规范、安全设施和管理制度不到位等问题，向相关旅行社企业主体发送了初检整改反馈单，并要求试点旅行社企业主体收到后给予回复，真正实现了试点建设的交流性与互通性。

（9）移动公司交流培训

杭州市移动公司营业厅以服务为契机，提升企业形象和业务营销，一直以来是服务业网点服务的“领头羊”。培训指导组于 2014 年 6 月 5 日，组织各试点单位店长及主要负责人来到了中国移动杭州市分公司元通营业厅，观摩了他们的早会，整体参观了营业厅的服务环境、硬件设施、服务产品，亲身体验服务品质和流程，元通店店长通过精心制作的 PPT 讲解，让参与者分享了移动公司服务标准化建设的成果，使各位试点店长深切体验到店长职责和任务，进一步认识到服务网点管理工作流程、标准化服务建设的意义。

（10）中期提升会议

2014 年 6 月 5 日召开了“试点工作领导小组项目实施中期会议”，各试点工作组就组织实施、初检情况和存在问题与困难等进行反馈与交流，提出了下一步试点工作的具体要求，特别就终期验收时间、流程、应递交的资料和“店长感想”征文等工作做了部署。

（11）终期验收检查

终期验收如期于 2014 年 7 月开展，终期验收组挨个走访各服务网点建设单位，对各单位严格按照评分表要求进行评分验收，根据验收情况，结合《规范》标准和试点工作方案要求，确认通过标准化试点单位的为9家，有2家因未能达标而不予通过。9家通过服务网点试点标准化单位的验收，授予“杭州市旅行社服务网点标准化示范服务网点”的荣誉称号和匾牌。

试点工作领导小组十分注重试点建设的实效性，要求各试点单位不能搞形式、走过场。率先从工作领导小组做起，将试点工作的管理、指导和监督贯穿试点建设的全过程。试点工作领导小组各分组先后调研、走访、辅导和检查各试点单位共60余次，电话、网上交流、辅导和指导等数百余次，真正将试点工作落到实处，将难点解决在第一时间和具体岗位上，将标准《规范》实施在服务中。

通过第二年的建设，依照《旅行社服务网点设置与服务规范》（DB3301/T 009—2013）标准规范，在杭州市旅行社行业内进行自查自纠、自我提升完成我市旅行社第一批服务网点标准化试点验收和总结推广工作，增强旅行社在管理、信誉、品牌、服务、理念等方面的“软实力”，增强全社会对旅行社服务网点标准化的认同感，营造良好的旅游消费环境秩序，从而在全市旅行社行业内，掀起“学标准、用标准、重标准”的标准化建设高潮。

3. 第三年以点带面，全市推广普及

在全面总结和吸取9家标准化试点单位成功经验的基础上，按照“政府发动、行业引导、企业落实”高效联动的原则，我们在全市范围内推广标准，展开了服务网点的标准化、制度化、模式化的全市建设工作。

（1）示范单位的授牌

在2015年召开的全市旅行社旅游标准化工作会议上，杭州市旅委、杭州市技术监督局联合发文，对通过服务网点标准化试点建设的9家单位进行“旅行社服务网点示范单位”的授牌，同时进行标准化试点建设活动的“店长感想”有奖征文的颁奖。

（2）与旅行社品质星级评定挂钩

浙江省《旅行社品质等级划分与评定》（DB33/T 719—2008）标准实施与评定工作已经开展三年，对于全省旅行社品牌建设和加强旅游服务质量监管，规范旅游市场秩序和提高旅行社服务质量有极大的推进作用。2015 年新修订的《旅行社品质等级划分与评定》标准中对服务网点服务规范有明确要求，服务网点的标准化建设与旅行社品质等级评比挂钩。

(3) 全面推广《规范》

从 2015 年起，杭州市对本辖区内注册的旅行社网点全面实施《规范》，制定了《旅行社服务网点标准化建设推广项目工作方案》，确定推广项目建设工作按照时间顺序分为宣贯、试点（第二批）、推广三个阶段：在全市范围内开展杭州市地方标准 DB3301/T 0009—2013《旅行社服务网点设置与服务规范》的宣贯；在四星（含）以上品质旅行社和出境社开展调研、专题培训及针对性的上门指导工作；对有需要召开服务网点标准化推广现场会的县（市）提供现场培训。

①申报确认试点单位。全市范围内开展第二批试点单位的申报工作，主要针对第一批没有试点单位的县区倾斜。经过有意向的旅行社企业自愿申报，各县区主管部门推荐，市旅委行管处筛选，课题组的现场走访，后来确认 5 家服务网点为第二批标准化试点单位。课题组、协会、企业、店长签署推广责任书和企业承诺书。

②组织学习标准及培训。2015 年 3 月 26 日，组织杭州市四星级以上的旅行社、各县市区旅游管理负责人、各试点单位的店长和骨干近 200 人，由《杭州市旅行社服务网点服务规范》的主要起草者，中国旅游研究院标准化研究基地专家和浙江旅游职业学院老师分别从服务网点的地位、规范作用、评比表意义进行培训，明确标准化试点单位全市推广的建设进度和要求。

③指导推进。项目组将试点标准化推进工作的管理、指导和监督贯穿试点建设的全过程。先后调研、走访、辅导和检查各试点单位及各县区共几十次，电话、网上交流、辅导和指导等数百余次，指导推进标准的实施。

④提升培训。2015 年 9 月 1 日，组织第一批、第二批试点单位店长及主要负责人、杭州市出境社代表聚合在五羊宾馆，进行了服务网点管理工作流程提升培训。

同时对富阳市、余杭区等县区旅行社进行了服务网点标准化培训服务，为县区的旅行社服务网点提供一线指导服务。

⑤初次检查。培训后各试点单位对服务规范和试点单位建设进行宣贯、实施，2015年10月进行试点单位标准化建设的初次检查，主要对标准化建设的推进情况和评分表中的十大否决项进行检查。

⑥终期验收。终期验收于2016年1月开展，项目组挨个走访各服务网点建设单位，对各单位按照评分表要求严格进行评分验收，根据验收情况，结合《规范》标准和试点工作方案要求，确认通过标准化试点单位的为3家，有1家应未能达标而不予通过，1家暂缓通过。现已于2016年1月21日召开表彰大会，授予第二批“旅行社服务网点标准化试点单位”的牌匾，并联系媒体进行宣传表彰。

四、建设总结：跨行业协作全国领先，成效显著

1. 行业管理、质监部门、院校、企业联手推进

该项目由旅游行业主管部门——杭州市旅游委员会、标准颁布部门——杭州市技术监督局联合启动，“标准化试点建设示范单位”的牌匾由技术监督局和旅游主管部门共同发文授予，跨行业的精诚合作体现了杭州市政府部门务实的工作作风。该课题组成员主要由浙江旅游职业学院、中国旅游研究院标准化研究基地、杭州市旅游委员会、杭州市旅行社行业协会等单位抽调人员组成，得力高效。试点建设单位均为省、市、区的标杆先进单位，在建设过程中各级旅游管理部门大力支持，试点企业作为区域标杆单位积极参与、主动配合，在全市推广中起到区域带领作用。在各级、各方的支持配合下，该项目建设高效，效果显著，成为杭州市标准编制、宣标、贯标的示范项目。

2. 企业行业改善形象提升品质

（1）改善环境，提升服务网点外在形象

标准化试点单位建设前，杭州市旅游委员行业管理处成立的旅行社服务网点服务质量提升项目组，曾对杭州市旅行社服务网点进行调研与分析，发现大多五星旅行社服务网点面积大，基础设施全，制定有服务规范及工作流程，但

窗口形象不够、销售潜力不足；全市 504 家服务网点大多存在营业面积偏小、布置简陋无序、服务定位不明确、服务质量低下等问题。这次通过的 9 家服务网点，经过半年多标准化服务试点的建设，各网点均从服务环境、服务水平、管理水平得到很大程度的提升，改善客户感知，提升客户舒适度。

（2）明确定位，提升企业管理服务品质

各单位通过服务网点试点单位的建设，明确服务网点是旅行社进行广告宣传、服务支撑、业务销售的“官方”平台，是旅游者服务环节中的前沿服务场所，提高服务网点的服务质量，对加强旅行社自身的企业品牌建设，提升旅游行业形象和城市品质具有深远的影响。服务网点的定位从被动等旅游者上门到主动招徕、吸引旅游者登门，适应散客旅游市场的发展需求。

（3）效益增加，加强企业品牌内涵

服务网点标准单位试点建设坚持以窗户形象提升吸引旅游者上门，服务水平提升增加销售成功率，所以通过标准化建设，企业得到的最终效果是经济效益的提升。以运通旅行社乾谭服务网点为例，2014 年 1—4 月，服务网点的旅游业务销售与上年同比增长 194%，旅游利润同比增长 139%，取得了标准化试点工作与旅游经营的双收益。企业评价该项目外塑企业形象，内提服务水平和管理品质，旅游者对建设后的服务网点单位满意度提升，销售量增加，服务网点标准化建设提升了企业品牌内涵。

（4）树立标杆，宣传旅游行业形象

各级领导部门来到杭州视察工作，都对我市旅行社服务网点的标准化建设高度评价，其中标准化试点单位浙江省中国旅行社集团有限公司中山中路营业部和杭州海外旅游有限公司西湖大道营业部在中央文明办和国家旅游局的文明旅游专项督查中表现突出，受到高度赞扬。

自实施试点项目以来，备受社会和媒体的关注，相关报道在《中国旅游报》《杭州日报》《浙江商报》《都市快报》及数十种具有影响力的网站上专题宣传，彰显杭州旅行社行业窗口形象。不仅填补了旅行社无法视察的空白，更为“美丽杭州”的窗口建设提供了新亮点。

BⅣ 附　录

B. 15
附录 1　旅游业国家标准、行业标准目录

一、现有涉旅国家标准

序号	标准名称	标准编号
1	旅游资源分类、调查与评价	GB/T 18972—2003
2	旅游规划通则	GB/T 18971—2003
3	旅游景区质量等级的划分与评定	GB/T 17775—2003
4	旅游饭店星级的划分与评定	GB/T 14308—2010
5	旅游娱乐场所基础设施管理及服务规范	GB/T 26353—2010
6	旅游信息咨询中心设置与服务规范	GB/T 26354—2010
7	旅游景区服务指南	GB/T 26355—2010
8	旅游购物场所服务质量要求	GB/T 26356—2010
9	旅游饭店管理信息系统建设规范	GB/T 26357—2010
10	旅游度假区等级划分	GB/T 26358—2010
11	旅游客车设施与服务规范	GB/T 26359—2010
12	旅游电子商务网站建设技术规范	GB/T 26360—2010
13	旅游餐馆设施与服务等级划分	GB/T 26361—2010
14	国家生态旅游示范区建设与运营规范	GB/T 26362—2010
15	民族民俗文化旅游示范区认定	GB/T 26363—2010
16	旅游汽车公司资质等级划分	GB/T 26364—2010
17	游览船服务质量要求	GB/T 26365—2010
18	旅游业基础术语	GB/T 16766—2010
19	游乐园（场）服务质量	GB/T 16767—2010
20	导游服务规范	GB/T 15971—2010
21	旅游景区数字化应用规范	GB/T 30225—2013
22	内河旅游船星级的划分与评定	GB/T 15731—2015
23	旅行社等级的划分与评定	GB/T 31380—2015

续表

序号	标准名称	标准编号
24	城市旅游集散中心等级划分与评定	GB/T 31381—2015
25	城市旅游公共信息导向系统设置原则与要求	GB/T 31382—2015
26	旅游景区游客中心设置与服务规范	GB/T 31383—2015
27	旅游景区公共信息导向系统设置规范	GB/T 31384—2015
28	旅行社服务通则	GB/T 31385—2015
29	旅行社出境旅游服务规范	GB/T 31386—2015
30	旅游厕所质量等级的划分与评定	GB/T 18973—2016
31	旅行社产品通用规范	GB/T 32942—2016
32	旅行社服务网点服务要求	GB/T 32943—2016

二、现有旅游行业标准

序号	标准名称	标准编号
1	旅游饭店用公共信息图形符号	LB/T 001—1995
2	旅游汽车服务质量	LB/T 002—1995
3	星级饭店客房客用品质量与配备要求	LB/T 003—1996
4	星级饭店访查规范	LB/T 006—2006
5	旅行社入境旅游服务规范	LB/T 009—2011
6	旅游景区讲解服务规范	LB/T 014—2011
7	绿色旅游景区	LB/T 015—2011
8	温泉企业服务质量等级划分与评定	LB/T 016—2011
9	国际邮轮口岸旅游服务规范	LB/T 017—2011
10	旅游饭店节能减排指引	LB/T 018—2011
11	旅行社国内旅游服务规范	LB/T 004—2013
12	旅游目的地信息分类与描述	LB/T 019—2013
13	饭店智能化建设与服务指南	LB/T 020—2013
14	旅游企业信息化服务指南	LB/T 021—2013
15	城市旅游公共服务基本要求	LB/T 022—2013
16	旅游企业标准体系指南	LB/T 023—2013
17	旅游特色街区服务质量要求	LB/T 024—2013
18	风景旅游道路及其游憩服务设施要求	LB/T 025—2013
19	旅游企业标准化工作指南	LB/T 026—2013
20	旅游企业标准实施评价指南	LB/T 027—2013
21	旅行社安全规范	LB/T 028—2013

续表

序号	标准名称	标准编号
22	旅行社产品第三方网络交易平台经营和服务要求	LB/T 030—2014
23	旅游类专业学生饭店实习规范	LB/T 031—2014
24	旅游类专业学生旅行社实习规范	LB/T 032—2014
25	旅游类专业学生景区实习规范	LB/T 033—2014
26	景区最大承载量核定工作导则	LB/T 034—2014
27	绿道旅游设施与服务规范	LB/T 035—2014
28	自行车骑行游服务规范	LB/T 036—2014
29	旅游滑雪场质量等级划分	LB/T 037—2014
30	国家商务旅游示范区建设与管理规范	LB/T 038—2014
31	导游领队引导文明旅游规范	LB/T 039—2015
32	旅行社行前说明服务规范	LB/T 040—2015
33	旅游发展规划实施评估导则	LB/T 041—2015
34	国家温泉旅游名镇	LB/T 042—2015
35	高尔夫管理服务规范	LB/T 043—2015
36	自驾游管理服务规范	LB/T 044—2015
37	旅游演艺服务与管理规范	LB/T 045—2015
38	温泉旅游服务质量规范	LB/T 046—2015
39	旅游休闲示范城市	LB/T 047—2015
40	绿色旅游饭店	LB/T 007—2015
41	国家绿色旅游示范基地	LB/T 048—2016
42	国家蓝色旅游示范基地	LB/T 049—2016
43	国家人文旅游示范基地	LB/T 050—2016
44	国家康养旅游示范基地	LB/T 051—2016
45	旅行社老年旅游服务规范	LB/T 052—2016
46	港澳青少年内地游学接待服务规范	LB/T 053—2016
47	研学旅行服务规范	LB/T 054—2016
48	红色旅游经典景区服务规范	LB/T 055—2016
49	旅游电子商务企业基本信息规范	LB/T 056—2016
50	旅游电子商务旅游产品和服务基本规范	LB/T 057—2016
51	旅游电子商务电子合同基本信息规范	LB/T 058—2016
52	会议服务机构经营与服务规范	LB/T 059—2016
53	城市旅游服务中心规范	LB/T 060—2017
54	自驾游目的地基础设施与公共服务指南	LB/T 061—2017
55	旅游产品在线交易基本信息描述和要求	LB/T 062—2017

B.16
附录2　全国、省级旅游标准化技术委员会一览表

全国、省级旅游标准化技术委员会

序号	地名	设立年份	现秘书处承担单位	主任委员	联系电话	秘书长	联系电话
1	全国	2010	国家旅游局标准化处	杜江		汪黎明	
2	安徽	2011	监督管理处	万以学	0551-62999801	杨龙	0551-62999133
3	广东	2016	广东省旅游发展研究中心	梅其洁	020-87513610	余颖	020-22386503
4	广西	2015	广西壮族自治区旅游发展委员会	甘霖	0771-5529102	刘国清	0771-5529973
5	贵州	2017	贵州旅游投资控股（集团）有限公司	李三旗	13985465166	陈天祥	13908517398
6	海南	2006	海南大学旅游学院	孙颖	18976191999	吴长芳	13807673800
7	河北	2012	河北省旅游研究会	赵雪峰		高海生	13754519839
8	河南	2017	河南省旅游局	朱建伟	0371-65509127	张建州	0371-65906787
9	吉林	2011	吉林省旅发委监管处				
10	云南	2010	云南省旅游发展委员会	余繁	0871-64608365	李力	0871-64608216
11	内蒙古	2017	内蒙古自治区旅游发展委员会质量管理处	魏国楠	0471-6946566	杨建华	13704788612
12	浙江	2005	浙江旅游职业学院	王昆欣	13605716523	任鸣	13905816867
13	上海	2011	待定				
14	四川	2011	政策法规处	傅勇林	028-86702828	王燕林	
15	重庆	2012	重庆市旅游协会	刘旗	2363236096	黄慧	023-63731529

责任编辑：谯　洁
责任印制：冯冬青
封面设计：中文天地

图书在版编目（CIP）数据
中国旅游标准化发展报告. 2016 / 中华人民共和国国家旅游局主编. -- 北京：中国旅游出版社，2017. 12
ISBN 978-7-5032-5642-4

Ⅰ. ①中…　Ⅱ. ①中…　Ⅲ. ①旅游业—标准化管理—研究报告—中国—2015　Ⅳ. ①F592

中国版本图书馆 CIP 数据核字（2016）第 142139 号

书　　名：中国旅游标准化发展报告（2016）
作　　者：中华人民共和国国家旅游局主编
出版发行：中国旅游出版社
（北京建国门内大街甲 9 号　邮编：100005）
http：//www.cttp.net.cn　E-mail：cttp@cnta.gov.cn
营销中心电话：010-85166503
排　　版：北京旅教文化传播有限公司
经　　销：全国各地新华书店
印　　刷：北京工商事务印刷有限公司
版　　次：2017 年 12 月第 1 版　2017 年 12 月第 1 次印刷
开　　本：787 毫米×1092 毫米　1/16
印　　张：11
字　　数：171 千
定　　价：58.00 元
I S B N　978-7-5032-5642-4